最期の日本史

本郷和人
Kazuto Hongo

はじめに

どんな人間にも、必ず〝最期〟のときはやってきます。

どんな英雄にも、絶世の美女にも、芸術家にも、名も無き庶民にも、誰であっても、ひとたび死が訪れれば、逃れがたい人生総決算を突きつけられます。

では、これまでの日本人は自らの死にまつわる様々な出来事を、どのように捉え、受け入れてきたのでしょうか。

歴史研究者として史料を通じて数多くの人々の死に触れながら、その〝最期〟を追いかけていくと、この数百年のうちに日本人の死生観が大きく変わったのではないかと感じることが多々あります。

日本人の〝最期〟に関する変化を語る上での事例として、まずは本書でも紹介する「お墓」や「葬式」について取り上げてみましょう。

現代では「終活」と言う言葉も取りざたされ、墓や葬式といった自分の死後の在り方について、生前から思いを巡らす人も少なくありません。

でも、ほんの数百年前まで、日本で死後に墓を用意されるのは、あくまで身分の高い人々だけでした。また、お墓を作ったとしても、どこにその遺体が埋められているのかはよくわからないのが当たり前でした。

実際のところ、日本の有力貴族であった藤原本家の人々ですら、自分の父祖がどこに埋葬されたかを知らなかった……という事実をお伝えしたら、多くの方は非常に驚かれるのではないでしょうか。また、一般人においては、路傍《ろぼう》にその遺体が捨て置かれることも、決して珍しくはありませんでした。

つまり、人の遺体やその処置に対する意識が、現代と当時の日本とでは大きく異なっていたことがよくわかります。


「死に方」に対する捉え方も、時代によって大きく異なります。

その例としてわかりやすいのが、切腹です。海外でも「ハラキリ」としてその名が知られる自害方法ですが、現代の我々からみても非常に不思議なことだと言えるでしょう。

自分で腹を切るのは怖いし、何より痛いに決まっています。さらに、腹を切っても確実には死ねないため、ほかの死に方に比べると、効果的な自害方法には見えません。仮に周囲から「切腹は非常に名誉な死に方だから、やってみろ」と勧められても、素直に受け入れられない人が大半だと思います。

それにもかかわらず、日本の武士たちがこの死に方を選び続けてきたのは、歴史を通じて、切腹という行為に美意識が付与され、武士の振舞いのひとつとして儀礼化されたからこそ。本書では、「切腹」という世にも珍しい自害方法がどのように生まれ、同時に日本の武士たちの死生観がどのように変化してきたのかについても紐解いていきます。

一方で、時を経ても変わらない価値観もあります。その代表的なものが、「穢《けが》れ」の存在でしょう。

古くから日本人は死にまつわるものを「穢れ」として忌《い》み嫌い、できるだけ遠ざけようとする文化がありました。そのため、仮に誰か自分の親族や親しい人が病気に臥《ふ》せったり、死の床にいたりしても、できるだけ距離を取ることが慣例でした。ゆえに、仮に自分の親であっても、穢れを恐れるがあまりにその死を看取らないということは多々あったのです。

穢れを最も嫌ったのが、天皇のいる朝廷です。平安時代には穢れを厭《いと》うあまり、天皇が崩御《ほうぎょ》したときでさえ、その遺体が接した建物をすべて破壊したとの逸話も残っています。

一見すると過剰な行為に見えますが、遺体から発生する病原菌を避けるという意味では、理にかなった行為でもあります。当時の日本人がどれだけウイルスという存在に対する知識や理解を持っていたのかはわかりません。ですが、死者や病人との接触から、病が生まれ、新たな死人を生み出すということが体感的にわかっていたからこそ、自然と穢れを嫌う行動が生まれていったのかもしれません。

事実、古くから日本には、外から帰ってきたときには、靴を脱ぎ、手を洗い、うがいをする習慣がありますが、これは「穢れ」という名の病原菌からわが身を守るため、自然と生活の中に取り入れられてきた生活の知恵だと言えるでしょう。

そう、二〇二〇年から世界中で猛威を振るった新型感染症を防ぐために、「手洗いやうがい」といった対策が推奨されたのは記憶に新しいところです。

さて、ここまで数例の日本人と死にまつわる事例を紹介しましたが、このように日本人の死生観に関する歴史を紐解く行為は、自らの死に対する考え方を見つめ直す機会にもなります。

「人生百年時代」と言われ、寿命がどんどん伸びている現代、自らの命のありかたや先行き、死生観について改めて考える方々も決して少なくはないでしょう。

かくいう私も、数年前に還暦《かんれき》を過ぎてから、自分の〝最期〟について思いを巡らす機会が非常に増えています。そのなかで一つのヒントになるのが、日本人がどのように自らの死に向かい合って来たのかという歴史的事実です。

そこで、本書ではかつての日本人がどのように死を捉えてきたのか、という逸話の数々から、史料に見る日本人の死生観に関して様々な視点で論じていきます。日本人が辿《たど》ってきた〝最期〟を垣間見ることで、読者のみなさまが自らの人生の在り方について何らかのヒントを得ることができるなら、著者としては幸甚の至りです。

二〇二二年十二月

本郷和人

目次

第二章　切腹

第三章　不浄と病魔

第四章 怨霊《おんりょう》

第五章　葬送

第六章　臨終

第一章　首・頸・クビ

上杉謙信の逸話に見る、戦国時代の「生首」への感覚

「首（クビ）」という言葉を聞いたら、多くの方は「解雇」をイメージするでしょうか。しかし、かつての日本では「首＝命」という考え方が一般的でした。日本語には「首が狙われた」という表現がありますが、これはまさに「命を狙われた」のと同義です。

なぜ、日本人は「首」という言葉に、命のやりとりを想像するのか。それは、日本の合戦とは、敵との首の取り合いだったからです。

人を殺すとき、最も手っ取り早い方法は相手の首をはねることです。晒《さら》し首こそなくなりましたが、現代でも死刑といえば、絞首刑や斬首刑を指す国はいまだに多い。

手足などを切り落とすよりも、より確実に、より正確に相手を死に至らしめるには、首を狙うのが一番。人間の体の部位で一番死に直結する部分は、やはり「首」なのです。だから、世界中の至るところで戦争や紛争が起こると、必ずといっていいほど「敵の首を取る」「首を狩る」という行為が行われましたし、世界各地に首狩り族が存在したのも頷けます。

日本でもそれは例外ではなく、合戦が行われた際、最も重視されたのはいかに多く敵の

首を獲得できるかでした。

ただ、首を切るという行為は、どう考えても気持ちがよいものではありません。

一九九七年に兵庫県・神戸で「酒鬼薔薇聖斗」を名乗る当時中学生の少年が、小学生男児を殺害し、その生首を学校の校門の前に置くという非常に痛ましい事件がありました。この事件が世に報道された際、多くの人がこの事件をセンセーショナルなものだと捉えたのは、「生首を置く」というその猟奇性です。そんな世の中の反応を鑑《かんが》みても、生首がいかに我々の日常から非常に縁遠いものなのかがよくわかります。

では、戦《いくさ》が現在よりも頻繁に行われていた過去の日本人にとっては、生首はもっと身近なものだったのでしょうか？　過去の日本人が、生首に対してどのような感覚を抱いていたのかが垣間見られるのが、戦国武将の上杉謙信《うえすぎけんしん》（一五三〇〜一五七八年）の幼少期のエピソードです。

上杉謙信は、現在の新潟県にあたる越後国《えちごのくに》で、長尾為景《ながおためかげ》の四男として誕生します。寅年に生まれたことから幼少期は虎千代《とらちよ》と呼ばれていました。あるとき、まだ元服も迎えていない幼い虎千代に、酒を飲んで酔っぱらった父・長尾為景はこんなことを言いつけます。

「おい、虎千代。いまから生首を持ってこい」

現代で考えれば、酒宴の余興にしても異常な言いつけですが、父に命じられた虎千代は、真夜中の死刑場へ生首を取りに行ったそうです。当時の死刑場では、罪人の生首を晒す「獄門」が行われていました。死後何日も経過した首は、顔の皮膚ははがれるわ、皮膚の色も変わるわ、異臭もするわと、見るも恐ろしいものだったでしょう。

ところが、虎千代は大層肝が据わった少年だったようで、死刑場にずらりと並ぶ生首の一つの髪をむんずとつかんで、父の元に持って行きます。ただ、大人の生首はひとつ五〜六キロほどの重さがあるので、子どもの力で簡単に運べるものではありません。そこで、彼は、つかんだ生首をずるずると地べたに引きずりながら、死刑場から父の元へと帰って行ったそうです。

見事に父の言いつけ通りに生首を持って帰ってきた虎千代ですが、その姿を見た為景は「なんとかわいげのない子どもだ。怖くて泣きだして、生首を持ってこられないくらいならかわいいものだが、怖がりもせずに首をずるずると引きずってくるなんて」と辛辣《しんらつ》な言葉を投げかけたと伝わっています。

この逸話は、江戸時代に創作されたエピソードでしょうが、数百年前の人々にとっても「生首は怖くて気持ちが悪いものだ」という共通認識があったのではないかと思います。

憎き敵に、生首を踏ませて辱《はずかし》めた源義家《みなもとのよしいえ》

　日本では、罪人の首を斬首したら、それを表に晒すことが一般的でしたが、戦場でも敵の生首を晒すことはよく行われています。

　一〇八三年から行われた後三年《ごさんねん》合戦の様子を記した『後三年合戦絵巻』を見ると、戦に敗れた人々の生首がズラリと並んだ描写があります。しかも、その首にはひとつひとつ吊り札がつけられており、札には「これは何某の首なり」とそれぞれの首が誰のものかわかるように名前まで書かれていたのです。殺されて首が切られ、晒された上に、名札までつけられてしまう。その行為を強い辱《はずかし》めだと感じる武士は少なくなかったようです。

　首がずらりと並んでいる状態を見るのは、やはり気持ちの良いものではありませんが、私の師匠である東京大学教授であった五味文彦《ごみふみひこ》先生は、その状態を「首のフェティシズム」と説明していました。

　また、この『後三年合戦絵巻』には、非常に不思議な描写も残っています。

　後三年合戦は、東北で強い勢力を持っていた清原《きよはら》氏一族の内紛に、頼朝《よりとも》のご先祖様に当たる八幡太郎義家《はちまんたろうよしいえ》（源義家）が参戦した戦いとして知られています。この戦に勝利したと

き、源義家は考えます。憎き敵方の大将を、ただ処刑するだけではおもしろくない。いかに相手を辱められるだろうか、と。

そこで彼は、敵将を木に縛り付け、その足元に敵方の仲間の首を置きました。敵将は仲間の首を踏みつけたくないので、木に縛り付けられたまま、足をなるべく上げようとします。ただ、木に縛り付けられた状態で足を上げるという無理な体勢は、なかなか維持し続けられるものではありません。身体が疲れてくれば、次第に足が下がって、仲間の首を踏みつけることになってしまう。この行為は、敵方の武士にとって大変な屈辱であったのだと『後三年合戦絵巻』には書いてあります。

○○を確認された、西郷隆盛の遺体

晒し首の文化があるのは、日本だけではありません。世界各地で罪人や謀反人《むほんにん》、かつての為政者などが、この「首を晒される」という憂き目に遭っていますが、往々にして自分の生首を晒されるのは不名誉で恥ずかしい行為として扱われています。

たとえば、源平の合戦の頃には「大路渡《おおじわた》し」と呼ばれる習慣がありました。これは、合戦で亡くなった生首を掲げて皆の前を行進し、その首を晒し物にするというもの。現代でいえば優勝カップを抱えてパレードするような感覚だったのでしょうか。ただ、この大行進には、明らかに「外に生首を晒すことで死後も敵を辱める」という目的があったのだと思います。

勝利した軍からすれば、首の確認は相手の死を知るための重要な手段なので、仮に戦の勝利を確信しても、敵軍の大将たちの首を確認するのが慣例でした。

だからこそ、戦場で自らの死期を悟った多くの武将たちは「自分が死んだあとに、己《おのれ》の生首が晒される」というみっともない姿を避けるため、家来たちに「これから自分は死ぬが、首はどこかに隠してくれ。自分の首をなんとしても敵に渡すわけにはいかない」と伝えることが多かったようです。

ですが、不思議なもので、武将たちは自分の首については指図をするのですが、自分の体については「こうしろ、ああしろ」と細かいことは言いませんでした。体を見られても誰の遺体かは特定されないだろうと思っていたのでしょうが、なかには首はなくとも身体的特徴から遺体確認された人もいます。

その人物が、かの有名な西郷隆盛（一八二八―一八七七年）です。一八七七年に起こった西南戦争に敗れ、明治政府軍に追い詰められた西郷隆盛は、鹿児島市にある城山《しろやま》に立てこもり、自害しました。

明治政府軍の大将であった山縣有朋《やまがたありとも》は、本当に西郷隆盛が死んだのかどうかを確認するため、「西郷隆盛の首を探せ」と兵士たちに号令をかけます。そんな折、首より先に見つかったのは体でした。西郷隆盛は上野公園の銅像などでも知られていますが、たいそうな巨漢です。だからこそ、明治政府は、首がなくとも体を見ただけで「きっとこれが西郷隆盛の身体に違いない」とすぐにわかったのでしょう。

さらに、西郷隆盛は、下半身に大きな身体的特徴を持っていたのも決め手でした。西郷は、生涯に薩摩《さつま》藩から二回島流しを命じられています。一回目は奄美大島《あまみおおしま》に流されましたが、そのときは軽いお仕置きのようなもので「いずれは西郷をまた呼び戻そう」という藩の思惑もあったので、さほど厳しい拘束も受けませんでした。西郷も現地に愛人を作るなどして比較的楽しい日々を送っていたそうです。

でも、二回目に沖永良部島《おきのえらぶじま》に流されたときには、「西郷を殺してやりたい。二度と戻ってくるな」という薩摩藩側の強い意図があったのでしょう。奄美大島に流された時とは打って変わって、粗末な牢屋《ろうや》に閉じ込められ、自由も拘束され、非人間的な扱いを受ける羽目に。そのため、西郷隆盛は風土病を患い、睾丸《こうがん》がそれはそれは大きく腫れあがってしまった。その後も病気がなかなか治らなかったため、西郷は馬に乗れず、移動も駕籠《かご》ばかり使っていたと言われています。

こうした逸話も当時から知られていたので、西郷隆盛の体であろうと思われる遺体を見つけたとき、明治政府側の兵士は遺体の睾丸を確認し、「これだけ大きい睾丸なら西郷に違いない」と納得したのでしょう。ただ、身体は確認されたものの、その後も西郷隆盛の首探しは続き、翌日になって隠されていた首も発見されました。

この西郷隆盛の逸話を見ると、その人の体を見つけて「もう死んでいる」とわかっていても、首を確認することでようやくその死亡が認定されることが一般的だったようです。

いまもネットに残り続ける江藤新平《えとうしんぺい》の首

生首が晒されるのは大変な不名誉だったにもかかわらず、明治時代に斬られた己《おのれ》の生首が現代にまで残り続けてしまっているケースもあります。その人物が、西郷隆盛と同じく士族の乱を起こした、佐賀県の藩士・江藤新平《えとうしんぺい》（一八三四―一八七四年）です。

江藤新平は日本で初めて「民権」という概念を確立した人で、四民平等を説き、一般人の権利を守り、新たな裁判の仕組みを築くなど、日本の近代司法の基礎を作った非常に有能な人物でした。しかし、西郷隆盛や板垣退助《いたがきたいすけ》らと共に征韓論《せいかんろん》を唱えたものの、受け入れられなかったことから内閣とは袂《たもと》を分かち、佐賀へと帰ります。そして、佐賀士族の反乱の首謀者として担がれ、佐賀の乱を起こしました。

当時の明治政府軍を率いた大久保利通《おおくぼとしみち》は、江藤新平をとことん嫌っていたこともあり、反乱の首謀者としての責を問うために、江藤新平の行方を執拗に追いかけます。結果、江藤新平は捕まり、皮肉なことに自らが制定した法に則って死刑になりました。

自分が制定した法で自分が死刑になるというのは、世界各国を見ても、意外とよくある事例です。中国大陸で始皇帝《しこうてい》が治めた秦《しん》には、かつて法律家の商鞅《しょうおう》という人物がいました。彼は、秦の国を整えるために、厳しい法律を整え、国の発展に貢献しましたが、最終的には政治的な勢力争いに負け、秦から逃亡しようと試みます。ところが、自分が作った厳しい法律で拘束され、死刑になった。まさに江藤新平と同じような境遇です。

江藤新平には斬首刑が科されましたが、死刑が執行された後、その首が獄門にかけられて晒されている写真が、なぜか巷に出回ってしまいました。ですが、江藤新平は反逆者とはいえ、当時の明治政府にとっては警察組織を整えた大変な高官だったので、「そんな偉い人の首が一般の下々に奇異な目で見られるのはよろしくない」として、写真を取り締まったという話もあります。なお、いまでも江藤新平の首の写真は、ネット上で検索すれば見ることができます。

明治時代、いかに近代化されたといっても、かつて武士階級だった日本人は、憎い敵がいれば首を取り、その首を晒すという血なまぐさい行為を、ほんの百五十年前まで続けていたのです。

武田信玄の生涯最大の負け戦を生んだ「首実検《くびじっけん》」

日本の合戦では、相手を倒すだけではなく、相手の首を取るまでが仕事です。でも、ただ敵の首を討ち取ればよいわけではありません。戦争で敵の首を討ち取った場合、その首を大将のところまで持ち帰り、首を確認してもらうことが必須でした。そして、大将は床机《しょうぎ》と言う簡易的な椅子に座り、自分の目の前に運ばれてきた生首を一つひとつ眺めながら、「うむ、こいつはだれだれで、間違いなく死んでいるな」と確認する。この行為を「首実検」と呼びます。

戦国時代などは、部下たちが取ってきた首を大将が眺めることが儀式化していたので、切られた首は三方《さんぽう》に載せて検分され、「この首はこういう表情だから縁起が良い」「この首はこういう顔だから縁起が悪い」などと品評することもありました。もしも、敵の首が縁起の悪い顔をしていた場合は、なんらかの方法で恨みを跳ね返す対策も取られていたようです。

首実検は、勝利側の大将からすれば、憎き敵方の生首を並べて眺める時間であり、己の勝利に酔いしれる至福の時だったのかもしれませんが、時には、この首実検が命取りになることもありました。

たとえば、武田信玄《たけだしんげん》の右腕だった武将・板垣信方《いたがきのぶかた》（一四八九―一五四八年）も、首実検によって大失態を犯した人物です。

板垣家は、もともとは武田の分家であり、武士としては非常に格の高い家柄でした（明治時代の自由民権運動で有名な板垣退助のご先祖様だと言われています）。信玄が武田家の家督を継いで晴信《はるのぶ》と名乗りはじめる以前から、板垣信方は信玄を支え続けているので、まさに育ての親のような存在でした。

しかし、そんな信玄の一番の理解者ともいえる板垣信方の運命を変えたのが、信玄が信濃（長野県）の豪族・村上義清《むらかみよしきよ》と戦った一五四八年の上田原《うえだはら》合戦のときのこと。先陣を承った板垣は果敢に軍を推し進め、戦は優勢に。そこまではよかったものの、彼は何を思ったのか、全体の戦いの決着がまだついていないのにもかかわらず、部下たちが持ってきた生首を並べて、首実検を始めます。

「ふむふむ」と首を眺めて油断していたところ、敵方の村上義清が勢いを盛り返し、ついには板垣信方自身の首が討ち取られ、戦死してしまいました。きっとその首は村上義清によって首実検されたことでしょう。

武田信玄はこの戦いで自分の右腕であった板垣信方と、左腕である甘利虎泰《あまりとらやす》を一度に失い、大敗戦を喫することに。おそらく彼の生涯で最大の敗戦となりましたが、一番の敗因は何かと考えたならば、板垣信方の首実検でしょう。

もし、板垣が首実検をせずに、最後まで戦に真剣に取り組んでいたならば、彼が生き残った可能性も多いにあるうえ、武田信玄が大敗戦をすることもなかった。どう考えても勝負が終わる前に首実検を行わないほうがよかったというのは明らかですが、大将にとって首実検とは、それほどまでに大切なものだったのでしょう。

首実検は、秀吉vs家康の小牧《こまき》・長久手《ながくて》の勝敗にも影響を与えた？

後の豊臣秀吉《とよとみひでよし》（一五三七―一五九八年）となる羽柴《はしば》秀吉と徳川家康（一五四三―一六一六年）が戦った小牧・長久手の戦いという有名な戦の勝敗にも、首実検が影響を与えています。

一五八四年に起こったこの小牧・長久手の戦いで、重要な役割を担ったのが池田恒興《いけだつねおき》（一五三六―一五八四年）という秀吉サイドの武将でした。池田恒興は、織田信長が本能寺で明智光秀《あけちみつひで》に討ち取られた後、織田家や日本の行く末を決める重大な会議・清洲《きよす》会議の出席者としても有名です。ただ、彼は最初から清洲会議の出席者だったわけではありません。

もともと織田家には、織田家一番の家老である柴田勝家《しばたかついえ》と、同じく家老の丹羽長秀《にわながひで》と、滝川一益《たきがわかずます》、そして羽柴秀吉と明智光秀という五名からなる織田家五大将という存在がいました。柴田勝家と滝沢一益が共闘する一方で、秀吉と柴田勝家は対立。二人の間には常にバチバチと火花が飛ぶような緊迫した間柄でした。

清洲会議には、本来は明智光秀以外の四人が参加する予定でした。しかし、明智光秀を討ち取って上り調子の羽柴秀吉は、自分に有利な形で会議を進めるため、「滝川は本能寺の変の後、みっともないことに北条家に負けて、関東から逃げ帰ってきた。あいつは織田家の恥だから、この会議への出席は許可できない」と物言いをつけて、滝川を参加メンバーから除外します。そして、先輩である丹羽長秀にも自分の案に与《くみ》してくれるようにと事前に渡りをつけていました。

しかし三人だけでは、会議も形になりません。そこで、羽柴秀吉、柴田勝家、丹羽長秀に加えて、もう一人の参加者として呼ばれたのが、池田恒興でした。彼の母が信長の乳母《うば》だったため、信長とは子どものときから共に過ごした乳兄弟であり、幼馴染でした。そこで、織田家との親交が非常に深い人物ということで、秀吉は池田恒興を清洲会議に出席させたのです。

このとき、秀吉が池田恒興に金品を渡したのか、それとも「自分が天下を取ったら出世させるから」という口約束をしていたのかはわかりませんが、事前に池田に通じて、上手に抱き込んでしまいます。

そして、清洲会議では秀吉の裏工作が功を奏して、三対一で柴田勝家の意見が通らず、日本の行く末は秀吉が握ることになったのです。

秀吉からすれば、清洲会議のときに自分の意見を支持してくれた池田恒興には大変な恩義があります。そのため、清洲会議の二年後となる一五八四年に行われた小牧・長久手の戦いのとき、別働隊を組織して、実質的な指揮官に任じました。なお形式的には秀吉の甥である三好秀次《みよしひでつぐ》が大将に任命されました。（ちなみに秀次は、一時的に秀吉から関白を譲られたものの、後に秀吉の息子・秀頼《ひでより》が生まれたことで一族皆殺しの憂き目にあった人物です）。

小牧・長久手の戦いが始まると、秀吉は現在の愛知県にある犬山《いぬやま》城に入り、家康は同じく愛知県にある小牧山城に入りました。秀吉がいた犬山城は天守が現存しており、国宝にも指定されています。家康がいた小牧山城が位置する小牧山は、かつて小牧空港があった場所としても知られています。

犬山城と小牧山城で、秀吉と家康がお互いを睨み合うなか、実質的な指揮権を握っていた池田恒興は、二万人の軍勢と共に、家康の本拠地である愛知県の岡崎方面へと進軍。家康が本拠地を池田軍に襲われ、焦って小牧山城から出てくるところを正面にいる秀吉が迎え撃つという「中入《なかいり》作戦」を立てました。

余談ですが、池田の軍勢は家康にバレないように隠密部隊で動いていたと言われていますが、二万人もの大軍が隠密部隊として姿を隠せるわけがありません。当時の道の幅はせいぜい二人並ぶ程度の広さしかないので、仮に二万人の兵士が道幅に二人並び、前の兵との間隔を一メートルほど空けて歩いた場合、先頭から最後尾まで最低でも十キロメートルは大軍が続いていたことになります。そんな大軍、どう考えても姿を隠せるわけがないので、敵方にはバレバレだったのではないでしょうか。

さて、二万もの大軍を率いた池田恒興は、愛知県・岩崎城をはじめとする徳川方の城を陥落させることに成功。勢いに乗って、そのまま家康の本拠地である岡崎へと軍を進めればいいのに、彼も何を血迷ったのかこのときに首実検を始めてしまいます。

首実検で時間を浪費していたら、徳川家康の逆襲を受け、あっという間に二万人の部隊は壊滅的な打撃を受け、池田恒興本人のみならず、彼の跡取り息子の元助《もとすけ》や娘婿の森長可《もりながよし》の三人が討ち死にします。自身が首実検をやっている間に、なんと自分が首になってしまったのでした。

とはいえ、計算高い秀吉のことなので、彼は「軍勢の数では自分のほうが圧倒的に有利なのだから、とにかく家康を小牧山城から出してしまえば、池田恒興の率いる二万人の兵を犠牲にしてもかまわない。だから、なんとしてでも家康を城から出したい」という目論見を持っていたのではないかと私は思っています。ところが、池田恒興の軍勢と戦うために城から出てきた家康を捕まえようとして、秀吉が軍を動かすと、家康はすばやい動きで再び小牧山城へと兵を引き上げ、秀吉と戦うことはありませんでした。

この戦は、後の政治的なかけひきで秀吉が勝ったように見えますが、実質的な戦闘面では家康の勝ちだったのです。

なお、二〇二三年のＮＨＫの大河ドラマでは徳川家康が主役に取り上げられています。天下人として知られる家康ですが、私個人が思うに、家康に何かの才能があったとすれば、努力する才能です。家康は特に非凡な才能を持った人ではなかったものの、死ぬまで飽きることなく勉強を続けたため、年齢を重ねれば重ねるほど優秀になっていきました。

しかし一方で、それ以外については、信長や秀吉に見られるような瞬間的な機転や天才的なひらめきは、どうも見当たりません。信長や秀吉の場合は、彼らでなければできない数々の創意工夫を行いましたが、家康には彼にしかできない独創的な試みはほとんどありません。戦いにしても、勝つ戦いは勝つ。負けそうな戦いはしっかり負けています。

彼の一生の戦いの中で「あれは見事な戦い方であった」と誰もが納得するのは、まさにこの小牧・長久手の戦いだけです。この勝負を家康は見事な機転で勝ち抜きましたが、その勝利を可能にしたのは池田恒興のうかつな首実検だったわけです。

武士たちが、首を一つしか取れなかった理由とは

首実検は、大将にとっては勝利に酔いしれる瞬間でしたが、兵にとっては自分の功績を認めてもらう大事なチャンスでした。

過去に私は中国地方を支配する大名家・毛利《もうり》家に代々伝わる『毛利家文書』という古文書の調査をしたことがあります。明治以降、毛利の殿様が住んでいたという山口県防府市の毛利邸というお屋敷が、現在は博物館になっており、そこには毛利家の文書がきちんと保管されているため、私もお邪魔して見せてもらいました。

それらの文書の中で非常に興味深かったのが、『首注文』という巻物です。これは「何《い》時《つ》何時《なんどき》の戦いで、誰々が首をいくつ取った。その首はどんな階級の人物だったのか」などの記録を書き連ねたものです。合戦では、より階級の高い首を多く取れば取るほどに、褒美も増える。戦国時代などでは、しかるべき筋目の正しい兜首《かぶとくび》を一つ取れれば、一般の武士であればもう人生は安泰だと思えるほどのご褒美（つまりはサラリー）をもらえたそうです。だから、自分は誰の首を取ったのか、全部で何個首を取ったのかを知らしめることは、武士にとっては大変重要なことでした。

しかし、『首注文』を見てみると、驚くことに大半の武士が取った首の数は、だいたい一つのみ。三つも四つも敵の首を取っている武士などいません。

首の数が多ければ多いほどに褒美が増えるのに、なぜ大多数の人は一つしか首を取っていないのか。

その理由として考えられるのは、それだけ合戦中に人の首を切り落とすのは大変なことだったというものです。

戦場では、誰もが死にたくないのでまさに死に物狂いで戦います。自分が首になるのか、それとも相手の首を取るのか。それは大変な違いです。死ぬか生きるかの瀬戸際で、みんなが極限の状態で戦うので、一人あたり一個の首を取るのがせいぜいだったのでしょう。

合戦絵巻などを見ていると、相手を倒して首を切り落とそうとする武士の背後から、敵が襲い掛かるシーンも描かれています。四方八方から敵がやってくるような乱戦状態であれば、倒した相手の首を切り落とすような暇はないでしょうし、うかうかと相手の首を落とそうとしているところ、ほかの敵に襲われて逆に自分が命を落とすケースもあったはずです。

もうひとつ考えられる理由は、首の重さです。浮世絵の武者絵などを見ると、首を取った後、武士たちがその首を何個も腰のあたりにぶら下げて戦っている様子が描かれています。しかし、上杉謙信の逸話でも触れたように、人間の頭はたいそう重いものです。さすがに人の頭を二個も三個も腰にぶら下げたら、十～十五キロの重しを腰につけているようなもの。重さで動きが鈍り、敵から狙われて自分自身が生首になってしまう可能性もあるので、腰にぶら下げるのであれば、生首はひとつぐらいがせいぜいだったのではないでしょうか。

よく昔話などでは、剣の腕が立つ豪傑が、バッタバッタと敵をなぎ倒し、首を十個も二十個も取った……というような逸話もありますが、あれはほぼ嘘だと私は思います。

たとえば、戦国時代の末期に登場した槍《やり》の名人である豪傑・可児才蔵《かにさいぞう》（一五五四―一六一三年）は、福島正則《ふくしままさのり》という荒くれ者で知られた武将に仕官をします。そんな可児才蔵が関ヶ原の戦いに参加した際、敵をどんどんなぎ倒し、首をたくさん取ったとか。その時、自分の腰に討ち取った首を全部ぶら下げて歩くと敵にやられてしまうので、打ち取った首の口に笹を咥《くわ》えさせ、「この首は自分が取った首だ」という目印にしたとの逸話も残っています（真偽のほどは定かではありませんが）。

では、武士たちはどうやって自分の取った首を確保し、その首が自分の手柄であることを証明していたのでしょうか。

一部で行われていたのが、武士同士が「お互いの首の証人になる」というものです。味方同士の武士が戦場で互いの名前を名乗り合い、「あのとき何某殿があの首を取った」と後に証明し合っていたようです。首が重すぎて持ち歩けない以上、武士同士がお互いを助け合うためにこうした取り決めがなされた可能性は十分にあり得たと私は思います。

生首に化粧し続けた女性が語った『おあん物語』

生首は薄気味悪いものだと現代の私たちは思っています。もちろん当時の人々もそうは思っていたようですが、あまりに生首に接し続けているとその感覚が麻痺することもあったようです。その実態が描かれているのが『おあん物語』です。

この物語はおあんという年老いた尼が、「私が幼い頃には、こんな出来事があったのじゃ」と子どもたちに語って聞かせた思い出話を、彼女の親戚と思われる人が物語としてまとめたものです。

時は戦国時代。おあんの父親とされる山田去暦《やまだきよれき》は、石田三成《いしだみつなり》の家来で、二〇〇〜三〇〇石《こく》取るような上級武士でした。そして、関ケ原の戦いが起こると、おあんは父親に連れられて岐阜県・大垣《おおがき》城に行ったと書かれています（ですが、石田三成の本拠地は滋賀県・佐《さ》和山《わやま》城なので、本当はおあんは佐和山城にいたのではと私は思っています）。

連れて行かれた城でおあんが何をしていたのかというと、天守閣にほかの女性たちと一緒に待機し、戦いで亡くなった敵の首が運ばれてくるたびに、その首に化粧を施すという仕事でした。

なぜこんな仕事を女性たちがさせられていたのかというと、またもや首実検がからんできます。誰しも自分が討ち取った首ができるだけ身分の高い人間だと見なされたほうが褒賞も大きくなります。当時、お歯黒をしている武士は身分が高い武士だと考えられていたので、自分たちが打ち取った生首にお歯黒をしたり、より血色がよく見えるようにとお化粧を施したりすることで、「この首は生前身分の高い人だったのだ（だから褒賞をたくさんください）」と示そうとしたのでしょう。

生首に化粧をさせられていたおあんですが、命令だから仕方なしにやっているだけで、本心は気持ち悪くて仕方がない。夜は、首がゴロゴロ転がっていて血なまぐさい中に眠ることもあったようで、それはもう血も凍る想いだったでしょう。

しかし、慣れというのは怖いもの。次第にどんどん感覚が麻痺し、最初はあれほど怖いと思っていた生首が、「首は怖いものにあらない」とまでに思うように……。どんなに最初は怖いものでも、見慣れてくると人間はその状況を受け入れてしまうものなのかもしれません。

たとえば現代でも、医者を目指す人は必ず解剖実験をやります。この解剖を何度繰り返しても「やっぱり慣れない」と言う人はいるはずです。私自身、かつては医者を目指したこともありますが、小学校四、五年生の時分に理科の授業で行ったフナの解剖実験で、その夢を断念しました。

実験では、フナのお腹をハサミでチョキチョキと切ることになったのですが、ハサミを入れて腹を切る感触は包丁を使って魚を切るのとは全く違う。その感触がどうにも苦手で、「魚の解剖でこれだけ嫌だと思うのだから、人間の身体を解剖することになったら、耐えられないだろう」と思い、医者になる夢を諦めました。私だけではなく、誰しも最初に解剖を体験したときは「うわー、怖い！」「今日は肉を食べられないな」という経験をしているのでしょう。ただ、医師に話を聞くと、何度も解剖を重ねて慣れていくと、「特に何も感じない」という境地に達するそうです。

生首も同様です。人間の体の一部だったにもかかわらず、どうしても我々が「気持ち悪い」「怖い」という印象を抱いてしまうのは、「死」を連想させられるからでしょう。でも、その恐怖すらも、慣れていくと薄れていくものなのかもしれません。

処刑された首はどこへ行く？

日本では明治時代まで斬首《ざんしゅ》が行われていました。諸説ありますが、最後の斬首の判決が下されたのは、一八八一年の殺人犯・徳田徹夫《とくだてつお》の判決だと言われており、その後、日本から斬首刑はなくなります。斬首がなくなったのは、おそらくは廃刀令《はいとうれい》によって帯刀が許されなくなったからではないかと考えられます。

処刑で首を切るには大変な剣の腕が必要でした。剣の腕がない人が斬首を行うと首がうまく切れず、中途半端な傷を与えられて死んでも死にきれない下手人が、その痛みから「早く殺してほしい」とうめくこともあったそうです。江戸時代は「御様御用《おためしごよう》」と呼ばれる刀の試し切り役も務めていた山田浅右衛門《やまだあさえもん》の一家が、代々処刑を担当していました。下手な人に処刑を任せると大変だとわかっていたからこそ、非常に刀の技術に長《た》けていた山田浅右衛門一族に処刑を任せたのでしょう。

　一見残酷に見える斬首ですが、中世のヨーロッパでは最も人道的な死刑の在り方としてギロチンによる斬首が行われていました。大きな刃が迫ってきて自分の首を落とされると想像しただけでも恐ろしいですが、ギロチンがあれば一瞬で死刑が終わるので余計な痛みや恐怖を与えることはない、極めて人道的な処刑法だと考えられていたようです。

　日本では、誰かが処刑された後、その首は遺族に下げ渡されるのですが、胴体部分は打ち捨てられるのが一般的でした。また、本来は絶対にあってはならないことですが、当時は差別的な立場に置かれていた人々が死体の処理を行っていたため、彼らとの交渉次第で遺体を返してもらえることもありました。首を切った後の遺体は、役人たちもさほど一生懸命管理していたわけではなかったので、一度斬首された遺体は下げ渡し可能だったのでしょう。

　吉田松陰《よしだしょういん》（一八三〇―一八五九年）が処刑された際、彼の弟子たちが、首が切られた死体の処理をしていた人々に交渉したおかげで、首と死体がつながった状態での吉田松陰の遺体を手に入れることができたと言われています。葬式には家族や大勢の弟子が参列して、涙を流しました。参列者の中には、後の伊藤博文《いとうひろぶみ》や木戸孝允《きどたかよし》となる桂小五郎《かつらこごろう》らも混じっていたようです。

新鮮組の近藤勇《こんどういさみ》の場合は、東京・板橋で処刑され、その首は京都まで運ばれ、罪人として晒されました。すると、ある日、その首が突然なくなってしまいます。近藤勇の生首が晒され、辱めを受けることに耐えられなかった誰かが首を盗み出して、埋葬したのではないかと考えられていますが、いまだに首の行方はわかっていません。

日本の男性の成人の証《あかし》だった「烏帽子《えぼし》」

死後に武将たちが生首を晒されることを嫌がる要因のひとつとして、一つの手がかりになるのではないかと考えているのが「烏帽子」の存在です。

烏帽子とは黒くて大きな被《かぶ》り物です。平安時代の男性貴族などが被っている姿などで描かれているので、見たことがある人は多いのではないでしょうか。歴史上の人物の肖像画などで描かれるカチッとノリの効いた大きな被り物はあくまで正式な礼装用で、小さくて簡便な烏帽子や、ノリが効いておらず柔らかい生地で作られた普段使いの烏帽子もありました。昔の日本では、烏帽子は、日本人男性にとって「大人になった証《あかし》」で、貴族や武士のみならず、成人した男性であれば庶民も必ず身に着けるものでした。

昔の日本の男性は子ども時代は大童《おおわらわ》という語が残っていますが、切りっぱなしの髪型が多いのです。大人になって元服《げんぷく》すると、月代《さかやき》を剃って髷《まげ》を作り、その髷に烏帽子を固定するようになります。

このときに烏帽子を被せる役を「烏帽子親《えぼしおや》」と呼び、子どもの髪型から成人用の髪型として整える役の人を「理髪《りはつ》」、濡れた櫛で髪の毛を整える役目を「泔坏《ゆするつき》」と呼びました。元服の際はこの三役が非常に大切で、身分の高い武士が元服する際は、この三役を誰に頼むかを事前にきちんと決めて、元服の儀に臨むのが一般的でした。

この三役の中でも重要なのが、烏帽子親です。烏帽子親は自分の親も同然で、元服後も非常に特別な関係性を築いていきます。

それだけ烏帽子は当時の人々にとって大切なものだと思われていたので、平安時代から戦国時代くらいまでは男子たるもの烏帽子をきちんと被るのは一般常識でした。

余談ですが、武士が月代と呼ばれる前頭部を剃るのは、兜を被るときに熱がこもって蒸《む》れてしまい、ツラいからだと言われています。月代を剃っておき、いざ髷を外して兜をかぶったときに、そのひんやりした兜が地肌に当たり、スースーして気持ちがよいのだと語った戦国武将の記録も残っています。

ふんどしよりも大切だった、烏帽子の存在

おもしろいのは、当時の成人男性は眠るときも烏帽子を被る習慣があったことです。絵巻物などを見ていると、烏帽子を外して寝ている場合もありますが、烏帽子を被ったまま寝ている様子も多々見られます。おかしな話ですが、絵巻などを見る限り、男性は女性と一夜を共にする際も烏帽子を被ったままでした。

当時の男性がいかに烏帽子を大切にしていたかがわかる史料として挙げられるのが、東京国立博物館に収蔵されている重要文化財『東北院職人歌合絵巻《とうほくいんしょくにんうたあわせえまき》』です。

この絵巻物は、京都にある寺院・東北院の念仏会《ねんぶつえ》に集まった十人の職人たちが、貴族のまねをして歌合をするとの設定で描かれたものです（オンラインでも閲覧可能なので、ご興味のある方は是非見てみてください）。医師、鍛冶、刀職人などの職人にまじって博打《ばくち》打ちが歌合に参加しているのですが、その姿は博打に負けてスッテンテンで、睾丸《こうがん》もむき出しというユーモラスな様子で描かれています。

ところが、ふんどしも何もかもすべてをはぎ取られているにもかかわらず、この博打打ちはなんと烏帽子だけは被っています。帽子とパンツ、どちらが大事かと聞かれたら、現代人の多くは間違いなくパンツを選ぶはずです。けれども、この博打打ちはパンツよりも帽子を選んだ末、全裸になっているのです。これはいったいどういうことなのでしょうか。

これは当時の人たちは頭頂部を人前にさらすのが嫌で、全裸を見られるよりも、頭頂部を見られるほうが恥ずかしいという感覚を持っていたのだと考えられます。この感覚は現代人にはわからないものですが、当時の人にとって烏帽子がどれだけ大切なものだったかを表す貴重な史料と言えるでしょう。

ですが、この史料を見て以来、長年「なぜ、そこまで烏帽子にこだわるのだろうか」と私は不思議に思っており、いまだに解答は得られていません。

一つ関係があるのではないかと思っているのが、タイなどで伝わる風習です。タイでは、子どもの頭をなでることは禁止されています。なぜかというと、タイでは頭頂部は精霊が宿る場所として神聖視されており、他人の子どもの頭をなでることは大変失礼な行為だと考えられています。

もしかしたら、昔の日本でもそのような民間信仰があって、男性は頭頂部を見せてはならないとされていた可能性もあります。だから烏帽子で前頭部を隠していたのかもしれません。それならば、ふんどしよりも烏帽子が大切にされた理由もわからなくはありません。

また、同時に納得できるのが、多くの武士が自分の生首を見られることを嫌がったという点です。仮に、もしも自分が生首になってしまえば、これまでは秘めた存在だったはずの頭頂部も見放題です。死体になったときに、敵方に「こいつの頭頂部はどうなっているんだ？」と確認されることも起こりえたでしょう。

それは、現代の私達に置き換えてみれば「あなたの睾丸はどうなっているんですか？」と、死後に遺体をこっそり確認されるような感覚に通じるものがあったかもしれません。「オレの首を敵に見せるな」と多くの武士が言い残していたのは、まさに月代と呼ばれる頭頂部を他人に見せたくなかった可能性もあります。

「武田信玄」の肖像画をめぐる謎

烏帽子にまつわるお話を、もうひとつおまけとしてご紹介します。

現代人は気軽に写真で自分の姿を後世に残すことができますが、昔の人にとって自分の姿を残す手段は肖像画しかありません。とはいえ、肖像画を描いてもらうにはそれなりにお金もかかるので、一人につき一枚程度残すのが慣例でした。

一世一代の肖像画を描いてもらう際、人々はできる限り精一杯立派な格好をして、自分の姿を絵に描いてもらいますが、その肖像画のなかで多くの人が烏帽子をかぶっている。これを見ても、烏帽子が当時の人にとって、いかに欠かせない存在だったかがわかります。

諸説はありますが、烏帽子がない姿で肖像画を残した人物として有名なのが、織田信長です。信長のかの有名な肖像画（長興寺所蔵）は、みなさんも一度は御覧になっているかと思うのですが、剃り上げた前頭部が丸々と描かれています。あの肖像画は、烏帽子なしのスタイルで描かれた肖像画としては、かなり初期のものだったと思われます。

ですが、その織田信長の肖像画よりも、先に烏帽子を被っていない男性の姿を描いた肖像画ではないかと噂される作品があります。

それが、長谷川《はせがわ》等伯《とうはく》という有名な画家が描いた高野山《こうやさん》成慶院《せいけいいん》蔵の肖像画です。この作品にはでっぷりと太った坊主頭の男性が描かれていますが、このモデルは長年に渡って「武田信玄を描いたものだろう」と考えられており、かつては日本史の教科書にも採用されていました。

しかし、近年になって「実はこの人物は武田信玄ではないのではないか」という見方が強まっています。その根拠のひとつが、髪型です。武田信玄はもともと武田晴信《はるのぶ》という武士でしたが、出家して僧侶の姿になり、武田信玄と名乗ります。出家して剃髪したら、成人男性であっても、もう烏帽子は被れません。僧侶になった人の場合は、肖像画でも烏帽子姿では描かれないのが普通です。くどいようですが、当時の成人男性は烏帽子を被った状態で肖像画を描くのが一般的だったので、「きっとこれは出家した後の武田信玄である」と考えられてきました。

それなのに、よく絵を見てみると、人物の頭の後ろに少しだけ髷が見える。つまり、この人は頭を丸めているのではなく、ただハゲているだけではないのか。たしかに、現代人でも頭頂部はツルツルなのに、側頭部はもじゃもじゃと毛が生えている方が時々いますが、まさにこの作品のモデルもそんなヘアスタイルの持ち主だったのではないでしょうか。

普通の肖像画であれば烏帽子を被るのが一般的ですが、もしもこの長谷川等伯が描いた肖像画のモデルが剃髪した僧侶ではなかった場合は、信長の肖像画よりも前に烏帽子なしで描かれた成人男性の肖像画となるかもしれません。

第二章　切腹

日本で最初に切腹したと考えられる人物は？

切腹は、自分で腹を切るという伝統的な自害の方法で、多くの場合、武士たちによって行われてきました。でも、どう考えても腹を切っただけでは、人間は簡単には死ぬことはできません。だから、切腹とはなかなかに大変な死に方なのです。

世界的に見ても、自害を命じられて自らの腹をさばくという処刑はあまり類を見ません。キリスト教は自殺を禁じる宗教なので、自殺をさせる処刑はほとんどない。

古代ギリシャの有名な哲学者であるソクラテスが毒の杯をあおって自害したように、ときには毒を使った自害が行われることもありますが、日本は毒があまり普及していません。それゆえ「毒がないから腹を切ろう」という発想になったのかもしれませんが、間違いなく切腹は日本独特のものでしょう。

中国にも腰を真っ二つに斬る「腰斬」や馬に足を引っ張らせて身体を割く「股裂《またさ》き」など、様々な処刑方法がありますが、自害を命じるものはあまり見受けられません。中国の物語などで豪傑たちが自殺するケースもありますが、その場合は自分の腹ではなく、自分の首を切って自害するほうが圧倒的に多いです。その理由は、一章でもご紹介したように、腹を切るよりは、首を切ったほうが痛みを感じにくいうえに、早く確実に死ぬことができるからです。切腹でも、腹を切った後に介錯人《かいしゃくにん》が首を切るのはそのためかもしれません。

さて、そんな日本独特の自害方法である切腹は、いったいいつから始まったのでしょうか。実は、切腹という文化が、いつ誰によってどのように行われていたのかは、よくわかっていません。

最初に腹を切って死んだ日本人とされるのは、平安時代中期に生きていた藤原保輔《ふじわらのやすすけ》という人物です。彼は「袴垂保輔《はかまだれやすすけ》」と呼ばれていた強盗ですが、九八八年に逮捕された際、自分の腹を切って自殺を図り、翌日、獄中で出血死によって死んでしまったとの記録が残っています。

ただ、藤原保輔は藤原姓を名乗っている以上、下級ではあれども貴族であったはず。だから武士の切腹という話にはなりません。

刀を呑《の》み込む今井四郎、集団自殺の加茂《かも》一族……壮絶な武士の死に方

次に参考になるのが、『平家物語』に記述されている今井四郎兼平《いまいしろうかねひら》と言う武将のエピソ

ードです。今井四郎は、武将の木曽義仲《きそよしなか》（一一五四－一一八四年）の、幼少期からずっと一緒に育った腹心の部下でした。

この今井四郎が木曽義仲に従って鎌倉軍と戦った際、「もうこれは負けた、死ぬしかない」というところまで追い込まれます。今井は「自分の主君に心おきなく自害してほしい」と考え、一生懸命戦って敵の攻撃を防ぎ、時間稼ぎをしました。この主君と部下の強い絆を描いた逸話は、『平家物語』の「木曽殿最期」のくだりで詳しく描かれています。

しかし、彼の奮闘むなしく、義仲は敵に撃たれてしまう。主君が討たれたと知った今井四郎は、自分もその後を追おうと決意します。

そのとき、彼が選んだ死に方は、なんと刀を口に含んで馬から落ちるというもの。くわえた刀がグサリとその体を刺し、今井四郎は絶命しました。ところが、これも口から腹を刺してはいるものの、切腹ではありません。そして、このエピソードを見てもわかるように、まだまだ中世初期の武士には「自害＝腹を切る」という感覚はなかったのでしょう。

同じく、当時の武士の自害への感覚を知るために有効なのが、一章にも登場した八幡太《はちまんた》郎義家《ろうよしいえ》の弟である、加茂次郎義綱《かもじろうよしつな》という人物についてです。余談ですが、八幡太郎義家の「八幡太郎」とは八幡様の社頭で元服した長男の太郎という意味です。次男は加茂社《かもしゃ》で元服したので「加茂次郎」、三男の源義光《みなもとのよしみつ》は新羅社《しんらしゃ》の社頭で元服したので「新羅三郎」と呼ばれています。

　あるとき、源家の棟梁を継いだ義綱の甥っ子・源義忠《よしただ》が暗殺されてしまいます。すると、義綱が犯人ではないかという濡れ衣を着せられてしまいます。いまだにこの事件の真犯人は誰だかわかっていませんが、その有力候補として名前が挙がっているのが義綱の弟である新羅三郎（源義光）です。

　義綱の子供たちは、「父にそんな疑いをかけられたのは恥辱である。死に勝る恥だ。ならば、我々は死んで見せよう」と言って、集団自害を行います。しかも、全員が様々な方法で死んでいくのです。

　多くの方は、「え、疑いを晴らす前になんで死んでしまうの？　しかも、わざわざ違う方法でなんて、理解できない……」と衝撃を受けるでしょう。私たちも学生時代などにみんなで喫茶店などに入ったとき、わざわざ「じゃあ、俺はコーヒー」「私はクリームソーダ」「じゃあ、こちらは紅茶で」などと、違うメニューをあえて頼むというばかばかしいチャレンジをしたことがありますが、まさにそんなノリだったのでしょうか。

　そして、肝心の死に方ですが、「俺は高いところから落ちて死ぬ」という人もいれば、

「自分で自分の身体に火をつけて焼身自殺をしてやる」という人もおり、その中で五男が切腹を選んだと言われています。ただ、これだけ多彩な死に方をしているということは、十一世紀の時点でも武士の間では「自害＝腹を切る」という感覚はなかったのでしょう。

源平合戦を見ても、自害をする際に武士たちが腹を切ったという話はあまり見ない。例外的に切腹を行ったとして有名な人物が、源義経《よしつね》の部下である佐藤忠信《さとうただのぶ》（一一六一―一一八六年）です。

源義経は東北の平泉《ひらいずみ》にある藤原家で育ち、兄の頼朝《よりとも》が鎌倉で旗揚げをしたのを機に、鎌倉へと向かいます。平泉の主である藤原秀衡《ひでひら》は義経が「ちょっと兄のもとへ行ってまいります」と旅立とうとした際、「ならば、お前に佐藤兄弟を部下としてつけてやる」と言って二人の部下を付けて送り出します。

この佐藤兄弟は、後に義経の腹心の部下として大活躍するのですが、兄である継信《つぐのぶ》は、屋島《やしま》の戦いで義経の身代わりとなり、敵の矢を受けて戦死。一方、弟の忠信は、「狐忠信《きつねただのぶ》」として歌舞伎や浄瑠璃のお題になるなど、江戸時代には大変有名になるので、ご存じの方もいるかもしれません。

忠信は源平の戦いでは生き残るものの、その後に義経が頼朝から追われる立場になると義経一行とはぐれてしまい、京都に潜伏します。その際、義経の家来だということがバレ、敵に取り囲まれ、自害します。そのときに忠信が取った自害の手法が切腹だったと言われています。もし、この話が本当ならば、忠信の自害は、日本の武士としてはかなり初期の切腹だったと言えるでしょう。

自分の顔を削って死ぬ？

鎌倉時代に入ってから、切腹は徐々にその形を見せ始めます。

有名なのが、有力御家人・三浦義村《みうらよしむら》の一族のエピソード。三浦義村は、二〇二二年に放映された大河ドラマ『鎌倉殿の十三人』の中で、山本耕史《やまもとこうじ》さんが演じている非常に胡散臭《うさんくさ》い人物ですが、彼は鎌倉幕府で北条《ほうじょう》氏に次ぐ巨大な力を手に入れます。しかし、義村の死後、一二四七年に北条氏と三浦氏が争う宝治合戦《ほうじかっせん》という戦が起き、北条氏に敗れた三浦氏は全滅してしまいます。

最後、北条氏に追い詰められた三浦氏の人々は、鎌倉にある源頼朝の法華堂《ほっけどう》に逃げ込み、「戦に敗れた以上は、みんなで一気に死ぬしかない」と自害をします。この時、彼らは、実に様々な手法で自害をしたのですが、どうやら切腹で亡くなった人もいたようです。ただ、それ以上に、私が一番すごいなと思った自害方法は、なんと「自分の顔を削ってから死ぬ」というもの。

一章でご紹介したように、武士は自分の首を敵に見せることを嫌がりました。しかし、顔を削ってしまえば、仮に自分の首が敵に渡っても誰だかわかりません。だからこそ、当時の三浦氏の当主の弟だった三浦光村《みつむら》は、自分の刀で自分の顔を削り、刻んでから死んだそうです。これは、部下に「自分の首を隠せ」とお願いする自害の方法の変形バージョンと言えるでしょう。

自分のはらわたを敵に投げつけた村上義光《むらかみよしてる》

そのほか、史実で切腹に近い死に方をしているのが、南北朝時代に登場した武士・村上《むらかみ》義光《よしてる》（?—一三三三年）という人物です。村上義光は後醍醐《ごだいご》天皇の皇子である護良親王《もりよししんのう》（一三〇八—一三三五年）の部下で、南北朝の動乱の始まりに鎌倉幕府を倒して後醍醐天皇を即位させるため、護良親王と共にゲリラ戦を展開します。

村上義光はとても忠義深い部下で、護良親王が危うく捕まりそうになった際、彼を逃がすために自ら親王の鎧《よろい》を着て敵の前に躍り出て、「自分こそが護良親王だ」と身代わりになって死にます。

その際の村上義光の死に方は、自分の腹を切ってはらわたを引きずり出して、相手に投げつけて亡くなるというなかなか壮絶なものでした。

ただこれを見ても、まだまだ我々の知っている切腹の様式美は確立されていません。

その後、北条氏による鎌倉幕府が倒れた際、北条高時《たかとき》が率いる一門約八百七十人が自害を決断します。このとき、北条一門が自害した場所として知られるのが、鎌倉にある「腹切りやぐら」です。ですが、実際にみんなが腹切りで亡くなったわけではなく、それぞれが何らかの方法で自害していたようです。

その際、北条高時の息子である北条時行《ときゆき》（一三二五―一三五三年）は長野県の諏訪《すわ》に逃げ延びたのですが、後醍醐天皇の建武《けんむ》政権が順調ではないことを耳にして、朝廷の隙をついて鎌倉を奪取します。これを「中先代《なかせんだい》の乱」と呼びます。

北条時行の乱は、後醍醐天皇の命令を受けた足利尊氏《あしかがたかうじ》の部下によって鎮圧され、乱の中心メンバーたちも自害するのですが、その多くが顔を削って死ぬ方法を選んでいます。このとき、みんなが顔を削っているので、誰が誰だかわかりません。「これらの遺体の中に北条時行もいるのだろう」とみなされたのですが、実は北条時行は生きていました。その後、またもや鎌倉奪還を試みましたが、結局、足利氏につかまって処刑されました。

ここでも、もし本人の首が出てくれば「間違いなく、あいつは死んだ」と確認が取れたのですが、当時は首の有無でしかその死を判断することができませんでした。だから、首によって死の確認ができなかった人の中には、北条時行のように生き伸びていた人もいたのかもしれません。

室町時代に登場した、主人を追って自害する「殉死《じゅんし》」

さて、ここまで切腹の歴史を辿ってきましたが、南北朝時代までを振り返ってみても、現代で私達がイメージするような切腹は出てきません。では、室町時代や戦国時代における自害とはどうだったのかを見ていきましょう。

室町時代の一三九二年、室町幕府のトップだった細川頼之《ほそかわよりゆき》（一三二九―一三九二年）が亡くなります。彼は室町幕府三代目将軍の足利義満《あしかがよしみつ》が元服する際の烏帽子親を務めた人物で、いわば義満の父親代わりのような存在でした。

そして、細川頼之が亡くなったのと同じ年に、三島外記《みしまげき》入道という人がその後を追い、切腹します。この頃から、主人が死んだら自分も後を追って死ぬという「殉死《じゅんし》」を行う武士が登場し始めます。

とはいえ、この時期になっても、切腹という自害の方法は武士にとってはまだあまり一般的ではなかったようです。それを窺わせるのが、細川頼之の子孫である細川政元《まさもと》のエピソードです。

細川政元（一四六六―一五〇七年）は、応仁《おうにん》の乱の東軍の大将だった細川勝元《かつもと》の息子に当たります。彼は非常に大きな権力を持っていましたが、三人の養子を迎えたことで後継者争いが勃発します。政元には薬師寺与一《やくしじよいち》という部下がいたのですが、与一は政元を廃して、息子である細川澄元《すみもと》に家督を継がせようと画策。ところが、その企てがバレたことで、薬師寺与一は主君に対して謀反を企てた罪で自害を命じられます。

さて、このときの自害の方法が、なかなかに斬新です。薬師寺与一の名前は通称で、本当の名前は元一《もとかず》といいます。要するに「与一元一」なので、名前には一が二つも入っている。薬師寺与一は死ぬとき、「俺の通称は与一で、名前は元一だから、腹を一文字に切って死ぬんだ」と言い残し、切腹したと伝えられています。

この薬師寺与一の発言を見ると、何かの理屈がない限り、腹を切って自害する際は、あえて腹を横に切るという慣習はなかったのではないか。だから、この当時も、私達が考える切腹はまだまだ一般的ではなかったのではないかと考えられるのです。

秀吉も大絶賛した毛利《もうり》家の家臣・清水宗治《しみずむねはる》の切腹とは？

切腹を一般的なものにした人物には諸説ありますが、中でも有名なのが、安土桃山時代の武将・清水宗治《しみずむねはる》（一五三七―一五八二年）です。

秀吉がまだ羽柴秀吉と呼ばれていた頃、秀吉は織田信長の統一政策の命を受け、毛利《もうり》家を中心とする中国地方の制圧を行う「中国攻め」を行いました。一五八二年の備中高松城《びっちゅうたかまつ》の戦いで、秀吉が毛利家の家臣・清水宗治が治める備中高松城を水攻めにしている最中、本能寺の変が勃発。秀吉のもとに「信長公が死んだ」という知らせが届きました。殿の一大事を知った秀吉は、「ここで毛利と戦っている場合ではない」と判断して明智光秀の討伐へと向かうために、毛利と和議を結ぼうとします。

しかし、城を平定できずにただ帰っただけでは自分のメンツが丸つぶれなので、信長が死んだことを伏せつつ、毛利陣営に「高松城の城主である清水宗治に腹を切らせろ。そしたら、いま水攻めに遭って身動きができない高松城の城兵はみんな助けてやる」と提案します。

当時は、城主に腹を切らせる代わりに兵隊たちを助けるという戦い方は意外と多く、かつて鳥取城が秀吉によって兵糧《ひょうろう》攻めにあった際、城主の吉川経家《よしかわつねいえ》が腹を切り、その代わりに城内の兵の命が助けられた事例があります。これと同様に、秀吉は、城主である清水宗治に腹を切らせることで、高松城は陥落したとみなし、停戦にしようと毛利に提案したわけです。

和睦がまとまってしばらくすると、水攻めに遭った高松城から小舟が漕ぎ出されます。その船の上に白装束を着た清水宗治がいた。大勢が見守るなか、彼は船の上で「誓願寺《せいがんじ》」という能を舞い、皆に披露した後、腹を切って自害しました。

その様子があまりにも見事だったため、秀吉が「あれは立派な武士だ。あっぱれである」と大変褒めそやしたそうです。現代人の感覚からいえば「褒めるくらいなら、命を助けてやってくれればいいのに……」と思いますが、秀吉にとってはどうしても清水宗治の切腹は譲れないものだったのでしょう。これによって戦いに一区切りがつき、秀吉は京都に戻って明智光秀と戦いました。

このときの堂々たる清水宗治の切腹がよほど人々の心を打ったのか、武士の名誉ある死の先例として語り継がれ、腹を切って自害する切腹が武士の間で注目されるようになったと言われています。果たしてこの説がどこまで本当なのかはわかりません。しかし、この頃から、武士の間では「人に首を斬られる斬首よりも、自ら腹を切って死を選ぶほうが名誉であり、美しい死に方だ」という概念が徐々に生まれてきたのではないでしょうか。

ですが、清水宗治の切腹の後、すぐに社会全体に「切腹＝武士にとって名誉な死」という考えが定着したとは考えにくいです。その根拠となるのが、千利休《せんのりきゅう》（一五二二―一五九一年）の死です。秀吉は、侘《わ》び茶を確立した茶聖・千利休に切腹を命じていますが、彼は武士ではなく、あくまで茶人です。秀吉が武士ではない茶人に切腹を命じたことを考えると、安土桃山時代には「切腹＝武士の名誉」との考え方は、まだまだ定着しきってはいなかったのではないでしょうか。

また、千利休の死から数年後となる一六〇〇年に行われた関ケ原の戦いの際、徳川家康率いる東軍に、石田三成《いしだみつなり》の西軍は破れます。その際、石田三成、小西行長《こにしゆきなが》、安国寺恵瓊《あんこくじえけい》という三人は悪の三人組と見なされ、見せしめとして街中を引き回されて、最後に京都の四条河原で死刑になります。その際の処刑方法は、切腹ではなくて斬首でした。これは彼らに切腹が許されなかったのではなく、「武士の名誉的な死が切腹である」との概念がまだこの時代にはなかった証ではないでしょうか。

「切腹＝武士の花道」という完成形を体現した赤穂浪士《あこうろうし》

切腹が名誉な死であるとの考え方が徐々に定着していったのは、やはり江戸時代以降でしょう。

たとえば、一六一四年の大坂の陣で、茶人でも有名な古田織部《ふるたおりべ》や細川興秋《ほそかわおきあき》たちは豊臣方に味方しますが、敗北し、二人とも切腹を命じられています。この例を見ると、この頃には、切腹とは武士にとっては名誉的な死であるとみなされていた可能性が高いです。

武士にとって切腹は名誉であるとの考え方の完成形といえば、やはり一七〇三年に起こった赤穂浪士《あこうろうし》の事例でしょう。吉良上野介《きらこうずのすけ》に狼藉を働いたとの罪で、播磨赤穂《はりまあこう》藩の浅野内《あさのたく》匠頭《みのかみ》が切腹を命じられます。そして、浅野内匠頭の家臣であった赤穂浪士達が、主君の恨みを果たすために吉良上野介を討ち果たし、江戸の町人たちからは「赤穂浪士はすばらしい忠臣だ。よくやった」と拍手喝采が起きました。

こうした世間の評判を受け、幕閣たちの間では赤穂浪士達の処遇を巡って意見が大きく割れました。

忠義を重んじる武士としてはあっぱれな行いですが、幕府の決めたことに楯突いた事実は変わりません。そのため、「武士としては正しい行いなのだから、命を助けてやってはどうか」という意見もあれば、「いやいや幕府の決定に反抗したのだから、これは死刑だろう」との意見もあった。意見が紛糾した際に、儒学者の荻生徂徠《おぎゅうそらい》から飛び出したのが「赤穂浪士達を切腹させろ」というアイディアでした。

赤穂浪士達の忠義は認めるが、幕府の決定に従わなかった以上は命を取らざるを得ない。ただ、武士としては誠に名誉な行いであったため、武士の名誉を保ったまま命を奪う切腹を申し付けるという処遇を決めたのです。この裁きが下されたのは、この時代には「切腹は武士の名誉を守る死に方だ」との認識があったからこそでしょう。事実、赤穂浪士のリーダーであった大石内蔵助《おおいしくらのすけ》は切腹という決定に対して、「武士として、切腹という死に方を選ぶことができてありがたい」と感謝したそうです。

「詰め腹」「扇腹」「商《あきな》い腹」など、多様化する切腹の在り方

　切腹の作法とは、まず小刀をグサリと腹に刺したら、刺した刀をグイっと横に引っ張るというもの。ですが、誰しも腹を切るのはなかなか痛いし、怖い。どんなに勇敢な人であっても、痛みや恐怖で、自分の意志を最後まで完遂できないこともありました。途中で痛みに躊躇して、うまく切腹できずに死にきれない人もいたはずです。

　江戸時代に武士の切腹が定式化した際は、小刀をお腹に刺した瞬間ぐらいに、背後から介錯人がその首を落とすという対策がなされたようです。

　ただ、お腹を小刀で刺すのも痛いし、怖い。そこで、さらに切腹が簡略化され、小刀の代わりに扇子をお腹にトンと叩く仕草をしたら、介錯人の手によって首を落とされる「扇腹」という手法も生まれたようです。自分の腹をさばかないのであれば、切腹というよりはただの斬首に見えますが、当時は一応これも切腹だと見なされていたようです。

　なかでもおもしろいのが、先ほどにも名前があがった「殉死」です。

　南北朝時代、三島外記入道が主人の細川頼之の後を追って殉死した逸話を先ほどご紹介しましたが、江戸時代には主を追って自分も死ぬ、殉死を行う武士がさらに増えていきま

す。そして、殉死をするときには、武士の名誉を重んじ、多くの人はその死に方に切腹を選んでいました。このとき、実にさまざまな切腹の変化形が生まれます。

たとえば、自分は切腹したくないのに、周囲から「主が死んだのだからお前も後を追うべきだ」などと言われてしかたなく切腹することを「詰め腹」と言いました。

中でもユニークなのが「商《あきな》い腹」です。これは、「主人の後を追って死ぬくらい忠義な奴だ」と周囲に思わせることで、何かしらの利益を得ようとして行う切腹です。当時は、誰かが主人を追って殉死した場合、その家族に対して「お前の親は忠義者だから、石高《こくだか》を増やしてやろう」と俸禄を増やす便宜が図られることがありました。これを狙い、主人が亡くなった後、何かしらの利益を想定して打算的に切腹することを、商い腹と呼んだのです。

かつて東京大学史料編纂所教授であり、二〇二〇年に亡くなった山本博文《やまもとひろふみ》さんは、「商い腹はあくまで後の時代のジョークに過ぎない。実際にはそんな打算はなかったはずだ」と否定していますが、私自身は、この商い腹は当時の武士の間で意図的に行われていたのではないかと思っています。

殉死が流行すると、主が死んだら自分も殉死しなければならないのではないかというプレッシャーを感じる武士もいたことでしょう。四代将軍の徳川家綱《いえつな》の時代には、「殉死は禁止」というお触れが出たため、内心ホッとした武士も多かったはずです。

憎き相手に仕返ししたいときに行われた「指し腹」

そのほか、おもしろいのが「指し腹」です。「指し腹」とは、自分が切腹する代償に、恨みのある相手を指名して切腹させるというもの。

この妙な行為に関係するのが、一六一五年の大坂の陣の時、大坂城落城の前後に城に籠っていた少女が見聞きした話をまとめた『おきく物語』です。この『おきく物語』は、一章で出てきた『おあん物語』と並び、当時の女性たちが戦場でどのような日々を過ごしていたのかを現代に伝える貴重な史料です。

この物語は、岡山・池田《いけだ》藩の医師であった田中意得《たなかいとく》の祖母であるおきくが語った、回想録です。彼女の父は大坂方の武士で、おきくは豊臣秀吉の側室であり、浅井長政《あさいながまさ》の娘であった淀殿《よどどの》（淀君）に仕える下っ端の女房として大坂城に籠っていました。ところが、父が戦死してしまい、今後どうしようかと思っていたところ、敵の攻撃が日に日に激しくなり、大坂城から逃げ出すことを決意します。『おきく物語』では、彼女が大坂城を脱出する様子が非常に生々しく描かれています。

「もうすぐ大坂城が落城だ」という知らせを聞き、おきくは走って大坂城を脱出。当時、女性たちが敵兵に見つかれば、それはひどい目に遭わされてしまいます。あと一歩で敵につかまりそうになる窮地を、彼女は命からがら逃れ、城を脱出しました。

脱出したおきくが出会ったのが、淀君の妹であるお初《はつ》の一行です。大坂城に立て籠っていた淀殿には、二人の姉妹がいました。下の妹は二代将軍の徳川秀忠《ひでただ》の妻になったお江《ごう》。彼女については上野樹里《うえのじゅり》さん主演で大河ドラマ化もされたので、ご存じの方も多いのではないでしょうか。つまり、大坂夏の陣は、豊臣側にいる姉の淀君と、徳川側にいる妹のお江という実の姉妹が戦っている状況でした。

おきくが出会ったお初は、大名家である京極《きょうごく》家へ嫁に行っていましたが、大坂の陣のとき、自分が姉妹の間に入ることで、なんとか停戦に持ち込めないかと考え、ギリギリまで交渉役を買って出ていたのです。

しかし、交渉の結果もむなしく、城がいよいよ落ちるというとき、お初も大坂城を脱出。味方の武士におぶわれ、家来たちに守られて大坂城から逃げるお初の一行に、おきくは紛れ込み、逃げ出すことに成功しました。

おきくがお初の一行に紛れ込んだとき、一人の女の子と友達になります。その子は、織田信長の弟で茶人として有名な織田有楽斎《うらくさい》の息子・織田頼長《よりなが》の姪であり、秀吉の親衛隊として何千石という俸禄をもらっていた武将・山城宮内《やましろくない》の娘でした。そんな名門のお嬢様と知り合いになったおきくは、彼女たちと共に逃げ、なんとか命が助かったというお話です。

ここで不思議なのが、女の子の父である山城宮内です。彼は当初秀吉に仕えていましたが、大坂城陥落の際は徳川家康に仕えていました。それにもかかわらず、なぜか自分の娘が大坂城にいるというのは、もしかしたら娘に豊臣家をスパイさせていたのかもしれません。彼は関ケ原の合戦時は徳川家康の書簡を携えては、家康とほかの大名たちとの折衝役を行うなど、現代でいえば外交官のような役割を担っていた人物でした。かなり有能だったらしく、徳川家でも重宝されていたようなので、このスパイ説もあながち間違いではないかもしれません。

さて、前置きが長くなりましたが、このおきくが出会った娘の父である山城宮内に、「指し腹」の有名な逸話が残っているのです。山城宮内は、家康が亡くなった後、その遺体を安置する東照宮《とうしょうぐう》建設の奉行に任命されました。このときの東照宮はあくまで家康を祀るためのもので、のちの日光東照宮のような立派な墓所の原型となったものです。

家康公の墓を作るという一大プロジェクトの奉行に任命された山城宮内ですが、相方となるもう一人の奉行に選ばれたのが武士の本多正盛《ほんだまさもり》です。この本多正盛が、ことあるごとに山城を苛《いじ》め抜き、二人の間は決して良好なものではなかったようです。おそらくですが、本多は徳川家の昔からの家臣である一方で、山城はそれに比べればあくまで新参者。それゆえ、何かしらの遺恨を抱いていたのかもしれません。

その仕打ちに耐えかねて「本多を殺してやろうか」とも思った山城ですが、本多を手にかければ各所に角が立つし、家族にも迷惑がかかります。そこで、古くからの知人である福島正則《ふくしままさのり》の元へ行き「私はもう本多の仕打ちに耐えられませんので、腹を切って死にます。ただ、私が死んだ後、本多にも腹を切らせてください。もう福島殿だけが頼りです」と懇願しました。

言葉通りに山城宮内が腹を切って死ぬと、福島正則が「よくぞ腹を切った、俺に任せとけ」といわんばかりに、幕府にこう訴えました。「山城が死んだのは本多正盛のせいだ。こいつにも同じ罰を与えろ」と。当時の彼は幕府の中でもかなり重要人物だったので、江戸幕府としても「福島どのの機嫌を損ねるわけにはいかないな。本多に腹を切らせよう」と決断します。幕府から腹を切れと命じられた本多はさぞや悔しかったでしょうが、幕府の決定に従い、おとなしく腹を切って亡くなりました。その後も、自分が切腹する代わりに誰かを指名して腹を切らせる「指し腹」は、時々行われていたようです。

フランス人たちを恐怖に陥れた堺《さかい》事件

切腹で有名な事件といえば、幕末に起きた堺事件でしょう。

一八六八年、大阪・堺《さかい》で土佐藩士がフランス人水夫を殺害する事件が起こります。当時は外国人を排斥しようとする攘夷《じょうい》論も盛んな中、フランス海軍の士官らと共に上陸したフランス水兵たちが堺で遊び回り、住民から「あいつらをなんとかしてほしい」との苦情が出ました。警備にあたっていた土佐藩の兵がフランス水兵たちを諫《いさ》めようとしたところ、ひょんなことから銃撃戦となってしまい、フランス水兵十一名が亡くなります。

これに対して怒ったのがフランス政府です。「よくもわが国民を殺したな」と幕府に怒りの連絡が来たため、土佐藩は責任を取るため、事件に関わったとされる土佐藩士の中から二十名に切腹を申し付けました。

大阪の堺にある妙国寺《みょうこくじ》というお寺で、いざ土佐藩士の切腹が行われる際、フランス人も

「世に名高い日本の切腹をぜひ見てみたい」と思ったのか見学に来たそうです。

切腹の場で、武士たちは見学に訪れたフランス人を睨みつけながら、一人ひとり名前が呼び上げられるたびに次々と腹を切っていきます。さすがに村上義光《よしてる》のように自分のはらわたを投げつけるようなことはしなかったと思いますが、一人、二人、三人……と目の前で切腹されるというあまりに凄惨な現場にフランス人たちも真っ青になり、全員の切腹は終わっていないものの「もう切腹はたくさんだ！　許すからもうやめてくれ」と懇願したとか。おかげで、残った土佐藩士は腹を切らずに済んだそうですが、この話から聞くと、やはり切腹を生で見るのは相当に気持ちが悪いものだったのでしょう。

坂本龍馬がかわいがっていた、饅頭屋《まんじゅうや》長次郎の悲しい末路

平和が長く続いた江戸時代ですが、幕末になると武士たちの争いが増えていき、一気に世の中が血なまぐさいものになっていきます。そのせいなのか、幕末の武士たちは、すぐに他人に腹を切らせようとする傾向がありました。

そのせいでひどい目に遭ったのが、近藤長次郎《こんどうちょうじろう》（一八三八―一八六六年）です。彼は坂

本龍馬とその同志たちによって結成された亀山社中《かめやましゃちゅう》のメンバーで、坂本龍馬が特に才能を買っており、イギリス留学も予定されるほどの優秀な人材。しかし、龍馬が不在の時に問題を起こし、亀山社中のメンバーたちから「お前、謝ったくらいで許されると思うのか！腹を切れ！」と言われ、長次郎は仕方なく腹を切ります。しかし、切腹してもなかなか簡単には死ねず、血まみれになりながら「痛い痛い」と唸り続けていたそうです。そこへ帰ってきた坂本龍馬が瀕死の長次郎の姿を見て「かわいそうなことをした。自分がいれば、命を助けてやれたものを」と呟いたという事件がありました。

ちょっと周囲の不評を買ったせいで糾弾され、腹を切らされる。現代でいえば、苛《いじ》めのようなことが、しょっちゅう行われていたようです。

しかも、近藤長次郎の場合、彼はその才能が認められたために名字帯刀《みょうじたいとう》こそ許されていましたが、もともとは武士ではありません。彼は別名、饅頭屋《まんじゅうや》長次郎とも呼ばれていたのですが、その名前の通り、実家は饅頭屋で庶民の出。いわば、にわか武士だったのです。

新選組なども武士ではない人間に腹を切らせていたように、幕末の武士たちは、武士の身分ではない人が自分たちの気に食わないことをすると、「武士の格式を与えてやるから、腹を切って死ね。名誉の死だ」などと強要する傾向があったのです。武士でもない一般庶民にとって、切腹など無縁のもの。切腹を強要された側からすれば、本当につらいものだったでしょう。

切腹した女性として有名な、足利義政《あしかがよしまさ》の乳母・お今の局

ここまで見てきたように、切腹は男性が行うケースが多いのですが、女性が切腹した事例もあります。

その有名な人物は、室町時代に生きた今参局《いままいりのつぼね》（一四〇四？―一四五九年）です。彼女は歴代将軍の中でも無能で有名な幕府の八代将軍・足利義政の乳母でした。非常にきれいな女性だったので、足利義政が初めての夜伽《よとぎ》の手ほどきをしてもらった相手でもあったようです（この時代は乳母が夜伽の相手をすることは、よくあることです）。そのため、彼女は足利義政とのつながりが深く、義政が将軍として政治の場に出たときも、かなりの発言力を持っていたようです。

ところが義政が日野富子《ひのとみこ》と結婚すると、「今参局が邪魔だ」と思った日野富子は難癖をつけて、彼女を島流しにすることに成功します。しかし、それに怒った今参局は、「何

を！」と自らの腹を切ったそうです。武士が切腹を選ぶのは、何か無実の罪をなすりつけられたときに、「私の腹は黒くない。真っ赤だ。私は無実だから、腹を切って証明しよう」と主張したいからこそ腹を切るのだという話もありますが、日野富子に難癖をつけられた今参局もそんな想いで腹を切ったのかもしれません。

女性が切腹するなんてよほど珍しいケースではないかと思うのですが、民俗学者の千葉《ち ば》徳爾《とく じ》によれば、「腹を切りたい」という願望は、本来は男性よりも女性のほうが強いのだそうです。たとえば、先の戦争で、サイパンで大勢の人が亡くなっています。兵隊だけではなく、日本からサイパンに移住した民間人もこの時に大勢亡くなりました。ここで、女性が腹を切って自死を選んだ事例が数多く報告されているそうです。

腹を切るのが立派なのかと言われたら決してそんなことはありませんが、痛みを伴う上に簡単には死ねない切腹は、死に方としてはとても勇気がいる手段です。武士でもない民間人の女性が、自ら死ぬときに腹を切るというのは驚きですが、この事例から、案外女性のほうが男性よりも度胸が据わっているのではないかとも考えさせられました。

死ぬに死ねない。切腹後、自分の腸を物干し竿にかけた男・日根野弘就《ひねのひろなり》

様々な切腹の中でも最も壮絶だと思われるのが、美濃《みの》の国にいた日根野弘就《ひねのひろなり》（一五一八―一六〇二年）という武将のエピソードです。彼は一万石ほどの小さな俸禄を持つ大名でしたが、武器マニアで「日根野頭形《ひねのずなり》」という兜を自作で考案した人物としても知られています。

日根野弘就は、関ヶ原の合戦には西軍として参加しました。当時、彼はかなりの年配でしたが、西軍が負けた後、周囲から石田三成との密通疑惑をかけられたため、切腹を決意します。腹を決めて、いざ切腹した段階で、「しまった。自分の持っている密書を始末しとかないとまずいんじゃないか」と、はたと気が付きます。

そこで、腹を切った状態でしまってある密書を探しに行き、火にくべます。一仕事終えて安心した後、しばらく待っていても、なかなか死ねない。いくら待っても死ねないので、自分の腸を引きずり出して、物干し竿にかけて死ぬのを待っていた……という話もあります。結局、夜まで待っていたら、ようやく腹が痛み出し、無事に死ぬことができたとか。

この話はあくまでブラック・ジョークですが、「腹を切ったけれども、簡単には死ぬこ

とができなかった人の話」として語り継がれていきました。

切腹をしても内臓などに傷がついていなければ、痛みや出血はあるものの致命傷は避けられます。うまく縫い合わせれば、そのまま生きることもできたでしょう。繰り返しになりますが、切腹ではなかなか簡単に死ねない。

江戸時代に入ってからは確実に死ねるように介錯がつくようになりましたが、それまでは腹から大量に出血しながら、「痛い痛い」と苦しみ抜いて死ぬ人も多かったはずです。だからこそ、できるだけ痛みを減らすため、先にも述べた簡略版切腹である「扇腹」が生まれたのでしょう。

切腹する人と介錯人《かいしゃくにん》との間には、なんらかの絆があった

最後に、介錯人についても触れておきましょう。切腹をする人と、その頭を落とす介錯人は、実はなんらかの絆があって任命されていることも多かったようです。

たとえば、秀吉の甥である豊臣秀次《ひでつぐ》が高野山で切腹を命じられた際、その介錯を命じられたのは、家臣の雀部重政《ささべしげまさ》でした。秀次の介錯を終えると、彼は主人の後を追って殉死し

ています。これも秀次と雀部重政の間には、深いつながりがあったからでしょう。

一九七〇年に憲法改正のために三島由紀夫《みしまゆきお》が楯《たて》の会《かい》メンバーと共に自衛隊市谷《いちがや》駐屯地へ行き、自衛隊決起を呼び掛けた事件のときも、三島由紀夫が腹を切り、その介錯人になったのが森田必勝《もりたまさかつ》という人物でした。彼は楯の会の第二代学生長で、三島とは非常に懇意にしていました。

ただ、介錯はある程度剣の腕が立つ人でないと、すんなりと首を落とすことができません。三島由紀夫の場合は首を確認してみると、森田の介錯がかなり下手だったようで、何度か斬り損ねています。首を斬られた際、三島は相当に痛かったのではないでしょうか。

また、森田自身も三島の首を介錯した後、切腹で自決しています。しかし、彼が三島の後を追って切腹した際、その首を落とす介錯人が誰もいませんでした。介錯人がいないとなると、簡単には死ねないので、森田もおそらく大変な苦しみと痛みのなか亡くなったのではないかと考えられています。

第三章　不浄と病魔

感染症対策を分けた、日本と欧米に見る疫病《えきびょう》への感覚の違い

二〇二〇年序盤から、世界中が苦しめられた新型コロナウイルス（COVID-19）。蔓延《まんえん》から三年近くが経過する現在、この新型コロナウイルスについて、欧米と日本ではその対処法が大きく分かれています。

たとえば、ネット掲示板・2ちゃんねる創設者でフランス・パリ在住のひろゆきさんいわく、フランスでは新型コロナウイルスで十万人近い人が亡くなりましたが、「亡くなったのはウイルスに弱い人であった」という仮定のもと、現在は感染症が蔓延する以前の生活に戻しているそうです。

フランスのみならず、欧米も同じような形で、「いつまでも新型コロナウイルスに引きずられてはいけない。この病気で死ぬ人はもう死んでしまったのだから、次のステージに行くべきだ」と選択し、以前の生活に戻すようにと、少しずつ舵を切り始めています。

フランスなどの観光立国の場合は、外国から人を呼ぶことや人の移動を怖がっていたら産業が成り立ちません。新型コロナウイルスのせいで人々の外出が自粛され、経済も縮小すれば国自体が立ち行かなくなってしまう。ならば、多少のリスクをおかしても行動する

べきではないか。だからこそ、「新型コロナウイルスでもう亡くなる人は亡くなったのだから、後は普通の生活に戻すべきだと」いう選択を選んだのでしょう。

このように「経済縮小のリスクと新型コロナウイルスに感染することのリスクを比べてみよう」と冷静にとらえる諸外国の割り切った考え方に対して、日本社会では体感的に死に対する強い恐れがあり、そうした考え方に進み切ることができないのが現状です。

日本と欧州諸国との新型コロナウイルスに対する対応の差は何か。その原因を考えたとき、私が思い当たったのは、欧州と日本の疫病《えきびょう》に対する感覚の違いでした。

ヨーロッパの場合は、過去の歴史で、ペストやコレラなどの疫病で明らかに多くの人命が失われてきました。疫病の記憶が鮮烈だからこそ、客観的に歴史を見た際に、「ある程度の人が感染症で死ぬのはしかたがないことだ」という思考になるのでしょう。

対する日本でもかつては天然痘《てんねんとう》やコレラ、スペイン風邪などの病気がかつて蔓延しましたが、これらの病気は二〇二〇年以前は人々の記憶には思い出されないほど疎遠な存在です。感染症の歴史が浅いがゆえに、疫病に対してそこまで客観的な議論が進まないという側面があるように思います。

「人の命に勝るものはない」という考え方はすばらしいのですが、その考えに基づくあまりに情緒的に動いてしまい、比較検討の余地が生まれません。新型コロナウイルスについても、「このウイルスにはどう対策したらよいのだろうか」と話し合うよりも、「命より大切なものはないので、新型コロナウイルスの対策のためにはいくらお金がかかってもいいし、それによって経済が縮小しても仕方がない。だからこれ以上この問題には触れないでくれ」と断定し、議論することへの強い拒否反応を感じます。

新型コロナウイルス感染症が広まった際、コロナの女王と呼ばれる岡田晴恵先生が「人命は何よりも重い」と声高に叫んでいました。しかし、彼女たちのような有識者たちが人命の大切さを叫んだ末に、何兆円にものぼるコロナ対策費が用意され、そのうち少なからぬ部分は使途不明金だと言われています。果たしてこのお金の使い方は本当に正しかったのでしょうか。

少しでも新型コロナウイルスに関連する議論をしようとすると、冷静に話ができずに喧嘩に発展することも多いため、私自身はこの話題についてはなるべく誰とも話しません。

しかし、ここで冷静に考えてみてほしいのですが、日本では新型コロナウイルスで亡くなる人よりも交通事故で死ぬ人のほうがはるかに多い。交通事故で死ぬのが怖いからといって自動車に乗るのをやめようという話にはなりませんが、それについてはどうなのか。

また、「いや、新型コロナウイルスと交通事故を一緒にしてはいけない」という議論が起こることも当然だと私は思うのですが、こうした議論すら許されない。つまり議論すらなしに「感染症は怖いものだ」と頑なに主張し、その防止のためには手段を選ばず、兆という単位の巨額のお金を投下しています。

それにもかかわらず「新型コロナウイルスにかかった」と電話してもしかるべき機関につながらないし、医者に行っても、診てもらえないという事態も発生していました。急なことゆえ新しい体制が整っていないのは無理からぬ話ですが、「何兆円にも上るお金をかけておきながら、一体何をしているのか」というクレームが出るのも当然です。でも、現在は、そうした批判すらも許されない空気感があります。普通に考えれば病院が暴利をむさぼっているのではと考えてしまいますが、そうした疑問についてメディアが追及することもない。むしろテレビのワイドショーでは、「新型コロナウイルスは怖い」と恐怖をあおるような番組ばかり報道しています。

もっとも日本人は新型コロナウイルスで亡くなる人は非常に少なく、数字を見ても欧米よりも俄然人数は少ない。京都大学の山中伸弥《やまなかしんや》教授は「ファクターX」という概念に言及されていましたが、なんらかの要素が日本人の新型コロナウイルスの罹患率を下げているのでしょう。このあたりを冷静に分析していけば、もう少しウイルス対策については建設的な議論が進んでもよいものだと思うのですが、そうした議論も許さないのは、歴史的にも感染症に慣れていない日本人の特性なのだと私は思います。

疫病によって生まれた、欧州に根付く死生観「メメント・モリ」

一方で、ヨーロッパの歴史を紐解くと、その歴史は疫病と密接に結びついています。かつてヨーロッパで猛威を振るったペストは、当時の人口の少なくとも四分の一にも相当する人命を奪ったと言われています。当時はキリスト教が絶対と言われた時代ですが、ペストの流行は、人々の間にキリスト教への疑念を生みだします。

神を信じて敬虔な信仰を持って生きていたはずの隣人が、病気によって死んでしまう。神はなぜこの人たちや我々を助けてくれないのか。神は我々をどうしたいのか。そんな疑念が生まれた末、キリスト教の姿を見直すために宗教改革へとつながっていきました。

また、ペストによってあまりにも多くの人が命を奪われて行く中で生まれたのが、「メメント・モリ」という思想です。この言葉には「死を忘れることなかれ」との意味があり、この思想の影響か、ヨーロッパでは至るところに死を連想させるモチーフがあります。たとえば、西洋絵画などを見ても、骸骨《がいこつ》の死神とのダンスを描いた「死の舞踏」をはじめ、様々な美術品に骸骨がモチーフとして使われています。これも、死を真正面から見つめるという姿勢のあらわれなのでしょう。そのほか、人骨を使った骸骨寺や修道士のミイラがずらりと並べてある古い修道院なども存在します。

髑髏《どくろ》の目の中にのぞく暗い穴を見つめていると、「私は未来のあなただ。あなたは過去の私だ」と訴えられているような気持ちになると、欧州の人は言います。日本人の感覚としては「それはやり過ぎでは」と思ってしまいますが、欧米の文化の根底には自分がいつか死ぬことを否応なしに突きつけてくるメッセージが流れているのでしょう。

一方で死が非常に身近な存在だからこそ、人々が死んでいくことに対して情緒的な感覚を抱くだけではなく、客観的な反応を下す姿勢ができているのかもしれません。善し悪しは別として、日本人は欧州に比べると、死を見つめるメメント・モリの考え方が浸透していないからこそ、新型コロナウイルスという厄災に対して、欧米ほど割り切れない想いを抱いてしまうのかもしれません。

なぜ、ペストは日本にやってこなかったのか？

過去にヨーロッパの人々を苦しめたペストは、中国大陸を渡って日本に入ってきてもおかしくはありません。ですが、日本には入ってこなかった。その理由は、鎖国にあると私は考えています。

中世ヨーロッパでペストが猛威を振るったとき、世界の覇権を握っていたのは、モンゴル帝国でした。当時のモンゴルは中国風の「元《げん》」という国号を名乗るなど、ヨーロッパにまで領地を拡大する世界帝国を築いていましたが、突如、その大帝国が滅亡してしまう。その一因として考えられるのが、ペストです。シルクロードを通じてヨーロッパから中国大陸にペストが伝わり、中国大陸で相当な人が亡くなった末、国力が衰えたモンゴル帝国は滅亡の道を進んだと言われています。

当時のモンゴル帝国は、日本と国交自体はなかったので、人々の移動が本格的に広まらず、伝染病も持ち込まれなかったのでしょう。

従来の日本史では日本が鎖国をしていたことが常識として知られていますが、昨今は「日本には鎖国がなかった」と提唱する研究者も増えています。ただ、私は中世の日本に欧州で流行したペストが持ち込まれなかったという事実は、この「鎖国はなかった論」の大きな反証になると考えています。

日本の外交の歴史を見ていくと、初期の日本が外国と国交を持っていたのは、遣隋使で知られる隋《ずい》と、遣唐使で知られる唐《とう》という中国大陸にあった二カ国です。その後、「吐くよゲロゲロ遣唐使廃止」の語呂合わせでも有名な八九四年、菅原道真《すがわらのみちざね》の提案によって遣唐使を送ることをやめ、なし崩し的に中国との国交はなくなりました。

その後も平清盛《たいらのきよもり》が日宋《にっそう》貿易を行っていますが、あくまでも個人的な貿易であって、国と国との国交ではありません。再び、日本と中国の間で正式な国交が開かれたのは足利義満《あしかがよしみつ》が行った日明《にちみん》貿易です。ここまでが、三十年以上前の歴史の常識でした。

しかし、近年「当時の日本は鎖国をしていなかったのではないか」と主張する研究者の方々が増えています。その背景にあるのは、現在の歴史業界において外交史が一つの花形の研究になったという事実です。歴史学のなかでも、政治史や経済史、文化史などは、伝統のある分野ゆえ、すでにさまざまな研究者による研究が進んでおり、仮に新しい事実が発見されても、歴史の流れが大きく変わることはありません。ただ、外交史の場合は、まだ参入者が少ない。そのため、三十年ほど前から、新たに大きな発見ができる分野として多くの研究者が注目するようになり、外国と日本の交易にもいままで以上にスポットライトが当たるようになったのです。

かつては、「鎌倉時代に日本と元の間では元寇《げんこう》という戦争が起きているので、戦った相手と仲良くするわけがない」という概念から、日本とモンゴル帝国（元）の交易はあまり研究が進んでいませんでしたが、三十年ほど前からは外交史の研究者が増えたことで、モンゴルと日本の関係性についても研究が進んでいます。

ですが、外交史に多くの研究者が流れ込んだことで、ひとつの問題が生じています。それは外交史を一生懸命調べれば調べるほどに日本と海外の接点が見つかるので、「日本はずっと外交をやっていたのだ」と主張したくなる研究者が増えていることです。「東アジアの中で日本は外交的に非常に重い位置を占めていた。日本は東アジアと盛んに交易をしていた。それは国と国との正式な国交が開かれてはいなかったかもしれないが、それは問題ではない。民間では交易が盛んに行われていたのだ」と。その最たる例が「鎖国はなかった」論でしょう。

私自身は間違った認識だと思っていますが、現在、江戸時代の研究者の間では、「日本には鎖国はなかった」との考え方が主流になっており、教科書から鎖国という言葉がなくなる可能性も浮上しています。

ただ、これに対して「ちょっと待って。本当に交流はあったのか？」と私が主張する根拠としたいのが、感染症の存在です。もし、日本が中国大陸と付き合いがあったのであれば、元、すなわちモンゴル帝国が滅んだ原因となったペストが日本に来ていたはずです。

感染症が入ってこなかったということは、国同士の交易に比べると、民間の交易にはその国に大きなインパクトを与える威力はなかった。日本にペストが来ていないのは、日本が島国で外国との交流が薄かったからだという事実の大きな傍証になると私は思います。

外国を受け入れたことが要因？　幕末に流行したコレラ

ヨーロッパを苦しめた二大疫病といえば、ペストに加えて十九世紀に世界中で蔓延したコレラがあります。コレラは、インドのガンジス川で生まれた病気だと言われていますが、幕末期の一八二二年には、朝鮮半島や沖縄を経由して世界の窓口であった長崎から日本に入ったと言われています。当初は長崎から西日本で流行した後、東日本にも蔓延しそうになりましたが、箱根の関所を閉めたことで、関東への侵入を防ぐことができたと言われています。一度かかるとコロリと簡単に人が死ぬから、日本の民衆の間では「コロリ」と呼ばれていたそうです。

このときはなんとか箱根で感染を防ぐことができましたが、その後、何度かに渡ってコレラは日本で流行し、ついには江戸でもコレラが蔓延します。その要因は、一八五三年に黒船に乗ってやってきたペリーが持ってきたからではという説もあります。

先ほどの「鎖国はなかった論」の反証ではありませんが、以前は民間レベルでの交易はあっても、国家単位の大掛かりな交易がおこなわれていなかったので、外国で流行している伝染病がもたらされることは少なかった。しかし、幕末期は、外国とのやり取りが活発に行われていたため、外国で流行している感染症の侵入を防ぐことができなかったのでしょう。

当時の医学水準からすると、一度感染症が入ってくると自然免疫を獲得して感染が落ち着くまではどうしようもないため、一説によると、一八五八年には江戸だけで二十六万人が亡くなったと言われています。現在の新型コロナウイルスに対する日本人の反応を見ればよく分かりますが、感染症が蔓延すると社会は非常に不安定になります。その結果、江戸の町は政情不安定になり、幕府が倒れる一つの原因にもなりました。これを見ても、感染症との向き合い方は国の存亡に大きく直結しているのだとわかります。

一九一八年から数年間世界中で流行したスペイン風邪も、大正時代の日本にやってきて、多くの死者を生みました。厳密な死者数はわかりませんが、一説によると二十〜三十万人もの人が亡くなったそうです。

鎖国していた時代には世界で感染が広がったペストは日本に来てないのに、国を開いて以降、コレラやスペイン風邪がやってきたことを考えても、海外との国交をする以上、感染症の問題は切っても切り離せないものなのだと思います。

日本人を悩ませた伝染病・天然痘《てんねんとう》と麻疹《はしか》と梅毒《ばいどく》

そのほかにも、コレラやスペイン風邪よりも前に、日本人が悩まされてきた感染症といえば天然痘《てんねんとう》と麻疹《はしか》、そして梅毒も忘れてはいけません。

私が大学生だった高度経済成長の時代、高層ビルを作るために、赤坂や青山あたりの歴史的遺物の調査が盛んにおこなわれました。実はあのエリアはかつて寺町だったので、地下には墓地がたくさんあります。だから、ビルを建てるための基礎工事として地下を掘ると、いろんな骨が出てくるのだとか。その場合、どんな歴史的遺物なのかを必ず簡単に調査する必要があるのですが、私の友人たちはよくアルバイトでこうした墓地の発掘調査に参加していました。

調査によって掘り出された江戸時代の骨を見ると、子どもの骨と黒ずんだ骨がたくさん出てくる。なぜそんな骨が出てくるのかというと、まず子どもの骨の多くは麻疹《はしか》の犠牲者です。麻疹は成人になってからかかる分には大事には至りませんが、まだ抵抗力のない子どもがかかると重篤な症状を引き起こし、死に至ることも少なくありませんでした。衛生観念が発達していない江戸時代であれば、なおさらその傾向は強かったでしょう。

史料を見ると、江戸時代の二百六十年間のうちなんと十三回もの麻疹の流行が確認されていますが、だいたい二十年くらいの周期で流行しているため、命を落とす子どもたちも多かったのでしょう。

江戸時代の御家人の家系図などを見ると、驚くのが誰もが非常に子沢山であることです。そして、その多くは子どものうちに死んでいます。跡継ぎにしても、当時は長男が跡を継ぐのが当たり前でしたが「長男と次男は死んだため、三男が跡を継いだ」「四男まではみんな死んでしまったので五男が跡を継いだ」などの事例はたくさん見られます。

「五歳までの子どもは神のもの」との言葉があるように、五歳未満の子どもは可哀そうに、すぐに死んでしまう。そのため、仮に子どもが死んでしまっても跡継ぎに困らないよう、子どもをたくさん産むのが江戸時代の在り方だったのです。

現代では少子高齢化で一人っ子が当たり前になっていますが、兄弟のいない子どもが多いという家族形態ができたのは、本当にここ最近のことでしょう。たとえば、戦前の人だと子どもは五人くらいいるのが当たり前で、私の両親を見ても、共に兄弟は五人いました。栄養状態も衛生環境も医学も現在ほど充実していないつい数十年前までは、「子どもはいつ亡くなってもおかしくないから、たくさん産まなければならない」という考え方が一般的だったのでしょう。

江戸の町に男性が多いがゆえに流行した花柳病《かりゅうびょう》・梅毒

もう一つ、なぜ江戸時代のお墓から黒ずんだ骨が出るのかというと、それは梅毒が影響しています。梅毒にかかった人の骨は黒ずむため、見るだけで一発でわかると言われます。

性交渉によってのみ感染する梅毒が世界に広まったのは、一四九二年にコロンブスがアメリカ大陸を発見した際、たばこ、ジャガイモと一緒に梅毒を持ち帰ったのがきっかけだと言われています。一五〇〇年代にヨーロッパから梅毒が持ち込まれ、時を空けずして、戦国時代の一五一二年には日本で最初の梅毒患者が見つかっています。ジャガイモやたばこが伝来するよりも早く、アメリカから地球を一周して日本に伝わった梅毒の伝播力を見ると、いかに人間という生き物が性欲に基づいて生きているのかがよくわかります。

なお、この病気が「梅毒」と呼ばれたのは、感染が進むと皮膚が赤黒くてシワシワな「梅干し」のような状態になるからだとの説もあります。

なぜ、江戸時代には梅毒で亡くなる人が多かったのかというと、江戸の町には男性が多いがゆえに、売買春が盛んにおこなわれていたことが一因です。

江戸の町は関東近県から都に仕事を求めてくる人たちが集まっていました。特に多かったのが、食い詰めた農家の次男、三男たちです。要するに農地を相続できなかった男性は、土地もない以上は百姓や農民をするわけにもいかないので、江戸に仕事を探しに来るのが一般的でした。同時に、参勤交代《さんきんこうたい》で全国各地から大名の付き添いとして、多数の武士たちが妻子を故郷に残して江戸の町に来ていたことも、江戸の町の男性の人口比率が女性よりも圧倒的に高かった一因です。

女性の数が少ないために、女性はモテるけれども、男性はなかなか相手が見つからないという事態が発生し、結婚相手を探そうにも常に男余りの状態が続いていました。配偶者がいない男性たちは、性欲を発散させるために買春を行うので、吉原《よしわら》などの花街が大繁盛します。吉原のように高級な遊郭であれば病気の管理も多少なりとも行われていたのですが、いわゆる私娼窟《ししょうくつ》は無法地帯でした。特に道に立って男の人に声をかけて体を売る「夜鷹《よたか》」と呼ばれる私娼たちは、病気の管理などはまったく考えていないことがあり、梅毒に冒されている人も多かった。

梅毒は、こうした女性たちを通じて男性たちに移ります。参勤交代で江戸に来ている武士の場合は、自分の故郷に帰って奥さんに病気を移す……という最悪の結果になり、日本全国へと広まっていきました。

これこそ梅毒が、「花柳病《かりゅうびょう》」との別名を持つようになった所以でしょう。

水銀を飲んで梅毒を治そうとした軍師・黒田官兵衛《くろだかんべえ》

難病とされている梅毒ですが、梅毒の治療法もヨーロッパから伝わり、日本中に広まりました。しかし、その治療法は、なんと水銀を飲むこと。当時のヨーロッパでは、部屋の中を温かくして、汗をかいた状態で水銀を飲むという治療法が推奨され、水銀を豊富に持つ日本でも早速多くの人が実践しました。

余談ですが、日本では水銀は非常に身近な鉱物で、当時は、高野山の周辺が水銀の産地として知られていました。また、赤を意味する「丹《たん》」という漢字がありますが、その「丹」の赤色の由来は水銀です。一昔前にヒーローだった丹下左膳《たんげさぜん》や丹頂鶴《たんちょうつる》の「丹」の字も赤を意味します。丹頂鶴の場合は、頭の赤色がまるで水銀のようだから「丹頂鶴」と呼ばれたのでしょう。

現代では猛毒だと認識される水銀ですが、昔から薬として服用されるケースが世界各地で見られます。

たとえば、中国の皇帝は、みな不老長寿を願って水銀を飲んでいます。中国の皇帝は、当時の中国の人口一億人の頂点に君臨している人物です。出世する必要もないし、働く必要もない。すると、次に求めるものは永遠の命である不老長寿です。不老長寿を求め、仙人になることを望む中国の皇帝たちに、推奨されていたのが水銀の服用です。だから、中国の皇帝の間で水銀は大流行アイテムで、唐王朝後期の歴代皇帝は、みんな水銀中毒だったと言われます。

水銀を飲み続ければ、当然体調を壊します。若い頃には優秀な人でも、帝位についてからは水銀を飲み始めるので、次第にどんどん病んでいきます。しかし、当時の人にとって水銀とは飲むと仙人になれる薬と信じられていたので、意に介せず飲み続けていたのでしょう。

まったく効果はないものの、「薬」として認識されて長い歴史を持つ水銀は、日本でも梅毒の薬として注目されます。

梅毒の治療のために水銀を飲んだ人物として有名なのが、豊臣秀吉のブレーンとして活躍した黒田官兵衛《くろだかんべえ》（一五四六—一六〇四年）です。彼は岡田准一《おかだじゅんいち》さん主演で大河ドラマの主人公にもなりましたが、日本史上稀に見る頭のキレる人物として評価されています。

一方で、黒田官兵衛は大変な愛妻家としても知られています。この時代は側室《そくしつ》をたくさん持つ人も多かったのですが、彼は生涯たった一人の奥さんしか娶《めと》りませんでした。キリスト教信者でもあったので、一妻制を守り続けたのかもしれませんが、研究者の中には、黒田官兵衛は妻を生涯に渡って愛し続けたからこそ、側室を持たなかったという人もいるほどです。

多く子どもを持つことが当たり前だったこの時代に、黒田官兵衛には一人の妻との間にもうけた二人の子どもしかいません。そのうちの一人で黒田家の後継者になった黒田長政《ながまさ》は、「俺は男の子が四人いる。俺が親父に勝てるのは子どもの数だけだ」と言ったとか。

黒田家は福岡の実力者としてずっと繁栄し続けましたが、代々伝わる肖像画の中に、黒田官兵衛の妻と思われる女性が描かれた絵があります。それを見ると、彼の妻は非常に福々しく、丸々とした女性だったようです。この女性だけを一生愛し続けたのかと思うと、私自身は同じ男として黒田官兵衛に対する尊敬の念を強く感じました。外見の美しさではなく内面を重視し、一人の女性を愛し続けた彼はまさに男の鑑《かがみ》と言えるでしょう。

ところが、その黒田官兵衛が梅毒を患っていたことを知り、私は愕然としました。妻から梅毒が伝染するわけがないので、おそらく彼がどこかで女郎遊びをしていたのでしょう。それを知った瞬間、「俺の感動を返してくれ……」と思わざるを得ませんでした。

ただひとつ、黒田官兵衛を擁護するならば、当時の花街で人気のある花魁《おいらん》は全国にその髪型や着物の着こなしなどを真似されることもあるなど、現在で言えばファッションスターのようなもので、遊女たちと関係を持つことは決して恥ずかしい行為ではありませんでした。ただ、梅毒の蔓延によって、「梅毒になるのは身体を売った罰だ」との考え方が広まったことが、身体を売る女性たちの社会的地位が下がる一因となったようです。

黒田官兵衛が加賀百万石で知られる前田《まえだ》家に宛てて認《したた》めた手紙にも、彼は「最近梅毒にやられて参っていたが、最近水銀飲んでいるおかげですこぶる体調がいい」と書き記しています。黒田家と前田家は仲が良くてお茶友達だったので、官兵衛もざっくばらんな内容を書き送ったのでしょう。

ですが、「水銀で梅毒が治った」と思ったのは、あくまで官兵衛の勘違いです。梅毒は発症しても一度は症状が治まるため、「治ったのかな？」と油断していると、何年かの潜伏期間を経てまた発症する。しかし、二回目に発症したら、どんどん症状が進行し、すぐに死んでしまいます。一度症状が治まっていた時期と水銀を飲んだ時期がたまたま重なったため、彼は「水銀を飲んでいるからこそ体調が良い」のだと勘違いしたのでしょう。

梅毒や天然痘の流行にも負けない、江戸っ子気質

感染してから二度目の梅毒症状が出てくると、鼻がもげるなどの悲惨な状況に陥ることもありました。江戸時代には梅毒で鼻がもげた人が少なくなかったため、鼻を隠すマスクもあったとか。

黒田官兵衛の場合は鼻がもげるまではいかないものの、梅毒の影響で頭に瘡《かさ》（できもの）があったそうです。後年、彼が肖像画などでよく頭巾《ずきん》をかぶっていたのは、梅毒を隠すためだったとも言われています。

江戸の町を見ても、梅毒のせいで鼻がもげたり、瘤《こぶ》があったりする人は、決して少なくなかったようです。しかし、そこで感心するのは、当時の江戸っ子たちは梅毒で鼻がもげるのは男の勲章だとうそぶいていたことです。だからこそ、世の中に梅毒が広まっているとわかっていても、吉原遊びをやめず、仮に自分が梅毒をもらってきたとしたら、「俺も一人前の男になった」と梅毒の発症を誇らしく言い触らすことすらあったとか。まさに遊び上手な江戸っ子気質が伝わってきます。

そんな江戸っ子の気概は、梅毒のみならず、天然痘が流行した際にも発揮されています。

日本には「疱瘡神《ほうそうがみ》」と呼ばれる天然痘を流行らせる疫病の神様がいるのですが、江戸時代の怪談話ではこの疫病の神様に会う逸話がいくつかあります。有名なものは、町人が見知らぬ人を助けたら、実はそれは疱瘡神で「自分を助けてくれたから、お前には天然痘にはかからないようにしてやる」と言い、天然痘にかからないための対処法を教えてくれるのです。

天然痘は、感染すると発熱後、様々な体の部位に発疹《ほっしん》ができ、最後には命を落としてしまう恐ろしい病気です。でも、そんな病気すら擬人化して笑いに変えることで、疫病に負けない意識を保つ。そんな江戸っ子の遊び心は、欧州の「メメント・モリ」などに比べると少し浮ついたところはあるかもしれませんが、病気を乗り越えていこうという強いバイタリティを感じます。

新型コロナウイルスで自粛が求められた際も、一部の遊び好きな人々が歌舞伎町などをはじめとする歓楽街に遊びに行った結果、爆発的に感染が増えたとも報道されました。この現象は絶対によろしくはないのですが、梅毒になってでも喜んでみんなで吉原に行き続ける江戸っ子気質に近いものを感じずにはいられません。

自らの死がかかっても、遊びに命を懸ける。そんな日本人の気質を育てた土壌について、かつて日本文学界に君臨していた文芸評論家の丸谷才一《まるやさいいち》が鋭い指摘を行っています。

丸谷才一いわく、「日本文化の中心には恋があり、恋を中心にいろんな文化が展開していく」のだそうです。確かに日本の伝統文化の中心である和歌にしても、その主題は恋であり、恋を歌っているからこそ発展した文化だと言えます。たとえば、中国の漢詩と比較してみても、漢詩の題材となるのは景色の美しさや友情や人生訓、お酒についてなどが多く、恋の歌はない上に女性を題材に扱うことすらほとんどありません。一方、日本の和歌も景色の美しさや人生の悲哀や友情など様々なテーマを扱ってはいますが、やはり一番多い題材は恋です。

男女の交わりこそが日本文化の中心にあるのだと考えると、いつの時代にも感染症のリスクがあっても、命をかけて歓楽街に通う男たちがいることは、当然の結果なのかもしれません。

奈良時代に藤原四兄弟の命を奪った天然痘

様々な感染症のなかでも、日本人が一番悩まされてきたのは天然痘でしょう。天然痘は、奈良時代の七三五年に大宰府《だざいふ》のある九州北部で最初に発生しました。この時代は遣唐使が行われていたので、朝鮮半島か中国大陸を経由して天然痘が日本に入り、流行したのではないかと考えられています。日本に入ってきた天然痘は九州で大勢の人の命を奪った後、その流行は東へと広がり、当時平城京があった奈良の都にも到達。七三七年には本格的な大流行を迎えます。

その当時、政治の中心にいた藤原不比等《ふじわらのふひと》の息子たちである藤原四兄弟も、天然痘の犠牲になりました。四兄弟の長男である武智麻呂《たけちまろ》は藤原南家の祖となり、次男の房前《ふささき》は北家、三男の宇合《うまかい》は式家、四男の麻呂《まろ》は京家の基礎を築き上げ、奈良の政治を動かしていました（なお、その後最も繁栄するのは、次男の房前の藤原北家で、藤原道長《みちなが》なども北家出身です）。彼らの妹である光明子《こうみょうし》は、聖武《しょうむ》天皇の妻であり、光明皇后とも呼ばれています。

藤原家の繁栄の祖を作ったようなこの四兄弟でしたが、天然痘が流行した途端、たった一年のうちに全員がバタバタ死んでしまいます。日本有数の権力者もあっという間に亡くなってしまったのですから、当時の人々にとっていかに天然痘が脅威であったかがよくわかるでしょう。

この天然痘の脅威を取り去るため、七四三年、聖武天皇が全国に号令をかけたのが大仏建立《こんりゅう》の詔《みことのり》です。なお、天然痘で亡くなった大勢の人々の鎮魂も、聖武天皇が大仏建立を考えた一因だったのではと、現在でも言われています。

では、このとき、天然痘でどのくらいの人が亡くなったのでしょうか。

私の友人で日本史研究者であり、ハワイ大学の教授を務めていたウィリアム・ウェイン・ファリスは、一つの仮説を出しています。彼が統計を使って奈良時代の天然痘による日本人の死亡者数を計算したところ、おそらく当時の総人口の二五～三〇％にも達するとのこと。当時の日本の人口はだいたい六〇〇万～七〇〇〇万人ほどだったと考えられるので、約一五〇万～二〇〇〇万人もの人々が命を落とした可能性があります。

かつてペストがヨーロッパで猛威を振るった際、その人口の四分の一から三分の一が命を落としたと言われているため、ファリスのいう天然痘の犠牲者数もあながちはずれていないのではないかと私は思っています。

ヨーロッパのペストにしても日本の天然痘にしても、当時は医学的な対抗手段があるわけではありません。ペストや天然痘の機嫌が落ち着くまで、犠牲者は出続けます。そして、一通り免疫が獲得できて、犠牲者がいなくなる頃には、総人口の四分の一から三分の一ほどが犠牲になるのが感染症の常なのかもしれません。

なお、奈良時代の天然痘の発生以降は、日本にはこれほど大勢の人が命を落とすような疫病は入ってきません。遣唐使を廃止し、国と国の表立った国交がなくなることで、島国的な性格のほうが強くなった末、病気が日本に入ってこなくなったのではないかと私は考えています。

ジェンナーよりも先に種痘《しゅとう》法を思いついた日本人医師

奈良時代ほど大量の人が死ぬことはないものの、江戸時代に入っても天然痘は何度か流行していたため、江戸時代の医師たちは人々の命を救うため、頑張って治療法を考えたようです。

当時は、天然痘は一度かかれば二度かからないということや、幼い頃に天然痘にかかれば軽い症状で済むため、小さいうちから天然痘にかかるほうがよいということも知られていました。また、天然痘に近いウイルスである牛痘《ぎゅうとう》にかかっていれば、天然痘にかからないということも経験則として認識されていたようです。

こうした経験則から、免疫獲得を目的として生まれたのが種痘《しゅとう》です。種痘については、エドワード・ジェンナーが確立した牛痘種痘法が有名ですが、実は日本人であり、現在の福岡県にある秋月《あきづき》藩の医師・緒方春朔《おがたしゅんさく》が、ジェンナーよりも六年間も早く種痘を利用した治療法を考えています。緒方の治療法は、人間の天然痘患者から膿《うみ》をとり、その膿を乾燥させて粉末状にしたものを鼻から吸引させるというものでした。実際に彼は多くの子どもたちに種痘を施し、命を救ったとされています。

彼は非常に先進的な人物で、当時の医術は一子相伝《いっしそうでん》で門外不出が当たり前だったにもかかわらず、『種痘必順弁《しゅとうひつじゅんべん》』という本に治療法をまとめて、世の中に広めようと試みました。ただ、やはり天然痘患者の膿を鼻から吸い込むという手法は、どこか薄気味悪さがあったのか、あまり普及しなかったようです。

その後、エドワード・ジェンナーの種痘法が誕生し、ロシアに漂流していた中川五郎治《なかがわごろうじ》が日本に帰国した際、「海外では牛痘を人間に植え付けると天然痘にかからなくなるらしい」との情報を持ち込みました。数年後、同じくロシアから帰国した安芸《あき》の国の船乗りが種痘苗《しゅとうびょう》を持ち帰って広島藩に伝えましたが、その情報は一笑に付されて無視されたようです。

その後、蘭学者の柴田方庵《しばたほうあん》が長崎でオランダ人から医術を学び、牛痘法を広く日本に知らしめるのに尽力します。当初は「人間の体に牛の細胞を植え付けるなんて気持ち悪い」と思われたのか、普及は困難を極めたようです。ただ、治療法自体は医者同士のネットワークを通じてあっという間に広まり、ついには天然痘を克服することができました。

医師たちのネットワークによって広まった牛痘法

では、近代医学が普及する前の日本の医学とは、どんなものだったのでしょうか。

医者という職業が独立した職業として認められるようになったのは、戦国時代以降だと言われています。古代の日本では渡来人が医師の役割を務めていたようですが、それ以降は、長い間僧侶が祈祷《きとう》などを通じて病の治療に当たることが多く、医師の役割を兼任していました。実際、戦国時代に名医として知られた曲直瀬道三《まなせどうさん》も法体《ほったい》です。また、時には武士が医者の役割を担うこともあったようで、明智光秀が福井県・越前《えちぜん》の朝倉家に仕えていた際は、あまり収入が多くなかったので副業で医者をしていたとの話もあります。

江戸時代になると医者が独立した職業として認知され、病気で困っている人を助けるようになります。ただ、不思議なのが、どうやって当時は「その人は医者である」と認定していたのかです。現代ならば国家試験がありますが、当時はそんなものはありません。幕府や将軍、もしくは地方ならば藩主などが決めていたわけでもありません。

では、どんなものだったのかというと、この当時の医者の育て方は、各地で有能な若者がいたらお金を出し合ってその若者を国内留学させて教育するというやり方が主流でした。前途有望な若者を医者の塾に通わせ、費用はその地域のお金を持っている人が提供する。医者になりたいという夢を持った若者たちは、大坂や長崎で学校に行き、医学を学びました。

勉強したら地元に帰り、その若者は医者として地域のために働きます。医者なので、働き続ければ自然とお金は貯まります。すると数十年後には、その人自身が地域の有力者になり、新しい若者を医者に育てるためにお金を出した。このシステムが全国の地域医療を支えていたようです。

国内留学をした際、大切だとされたのは一生懸命勉強して医術を学ぶだけではなく、先輩、後輩、先生などの人脈をしっかりと作ることです。当時の医者たちは国内留学で培った人脈によって、「天然痘を克服する方法を考えたんだが、これはどうだろう」「これが病気には効くという話もあるよ」といった最新の医療情報など様々な情報交換を行いました。

だからこそ、ジェンナーの牛痘法が日本に伝来した際も、医師たちの情報のネットワークによって全国にその治療法を広めることができたのです。

当時の医者たちは非常に研究熱心で、中には天然痘撲滅のために自分の命を捧げて研究を続けた末に、自分も天然痘を患ってしまった人もいたようです。

天然痘のせいで、引きこもりになった夏目漱石《なつめそうせき》

こうした医師たちの努力もあって治療法自体は浸透したものの、長いこと天然痘に日本人が悩まされたという事実は、幕末期の外国人たちが書き記した日本人評からも垣間見ることができます。たとえば、日本人がヨーロッパなどに洋行した際、現地の人々は「こんな礼儀正しくて、知的な人たちがいるのか」と驚きを語っています。しかし、「そんな知的な日本人であるが、この点だけは気になる」として書き記されているのが、日本人の顔に残っていた痘痕《あばた》でした。当時は、種痘によって天然痘自体は治っても、その副反応として顔に痘痕が残ってしまうケースが多かったようです。

顔に残った痘痕が有名な人物といえば、作家の夏目漱石《なつめそうせき》です。我々が想像する夏目漱石

といえばスーツを着こなした非常に男前な人物というイメージですが、実は顔には大きな痘痕があったと言われています。そして、夏目漱石がイギリスのロンドンに留学した際、痘痕を気にしてロンドンの下宿に引きこもり、出てこなくなってしまったそうです。

夏目漱石にはもともと鬱《うつ》体質があったのだと思いますが、日本で待つ人々の間では「ロンドンに行って精神的におかしくなったらしい。誰か夏目の様子を見てこい」とひと悶着が起きたのだとか。明治時代のそんな話からは、日本人は長きに渡って天然痘に苦しめられたのだなとわかります。

飢饉《ききん》から死体が増え、死体から広まる感染症

戦争と飢《う》え、病気。この三つは人口増加を阻害する大きな要因だと、世界的にも言われています。なかでも飢えと病気には非常に密接な結びつきがあります。

飢えで誰かが餓死した際、本来ならば火葬などをすれば衛生的ですが、餓死するような貧しい人には家族もいないので、その死体の世話をしてくれる人もいません。しかし、死後の人間の体は病原菌の巣窟《そうくつ》ですので、世話する人がいなければ、そのあたりの路傍に病

原菌の塊が放置されることになります。飢饉《ききん》があって人がバタバタ死ぬと、町中に遺体が溢れます。その遺体から病原菌が育ち、今度は市中に感染症が広がって、より多くの人が亡くなる。そうした最悪のスパイラルが都市部では頻繁に起こっていたようです。

私の専門分野である鎌倉時代で有名な飢饉といえば、一一八一年に発生した養和《ようわ》の大飢饉です。源平合戦の真っ只中に起きたこの飢饉のせいで、京都の町は餓死者で溢れました。一二三〇年には寛喜《かんき》の大飢饉が起こり、飢餓によって死者が大量に生まれ、その遺体から病原菌も蔓延し、さらに多くの人が亡くなりました。

鴨長明《かものちょうめい》の『方丈記《ほうじょうき》』には、養和の大飢饉のときに仁和寺《にんなじ》にいた隆暁法印《りゅうぎょうほういん》という僧侶の話が書かれています。彼は、金も力もなくて栄養状態が悪い人々ほど、どんどん死んでしまう様子を見て、非常に心を痛めます。そこで、「私にはあなたたちを救う手立てがありませんが、少なくとも、仏とあなたたちを繫ぎたい」と、一つひとつの遺体の額に「阿」という梵字《ぼんじ》を書いていったそうです。そのとき、京都だけでも四万二千三百人近い遺体の額に「阿」の字を書いたという記述が残っています。

当時、京都の人口はおよそ十万人といわれているので、四万二千人といえばその半数近くに当たります。それだけ大変な数の人が飢饉やそれに付随して発生した伝染病で亡くなったのです。

奈良時代、病に苦しむ庶民を慈《いつく》しんだ光明《こうみょう》皇后

では、古代にはまったく医療の対策がなされていなかったのかと言うと、決してそんなことはなかったようです。

奈良の都で大仏を建立した聖武天皇の妻であり、藤原四兄弟の妹・光明皇后は、伝染病で亡くなる人々の姿を見て心を痛め、悲田院《ひでんいん》という病気の人を無料で療養する施設を作り、重い病気の患者を収容して面倒を見ていました。また、もうひとつ、光明皇后が作ったのは、薬草院です。当時は薬といえば薬草しかないため、それらを育てる施設を奈良に作り、作った薬草を庶民に施していたそうです。

非常に慈悲深い光明皇后ですが、彼女にはある伝説があります。光明皇后は、心が優しい人だったため、身分の高い人であるにもかかわらず、天然痘などの病気にかかった身分の低い人を積極的に介抱し、時には患者の体を洗ってあげることもあったそうです。あるとき光明皇后が、体中がイボにおかされた人を洗ってあげたところ、実は観音《かんのん》様の化身で

あったことがわかり、「お前はよくやっている。今後もぜひ励みなさい」というお言葉をかけられたのだとか。真偽のほどは定かではありませんが、奈良時代にはこの話が市中に広まり、「光明皇后はすばらしい方だ」と一般民衆から慕われました。

この時期、聖武天皇は大仏をつくり、光明皇后は悲田院や薬草院を作った。つまり、当時の権力者たちの間では、奈良の町で亡くなった人たちをなんとかして助けよう、死に向き合おうという気持ちがあったのだとわかります。

平城京から平安京に遷都した段階では、この想いは受け継がれ、悲田院と薬草院は継続して存在していたようです。しかし、残念なことに、次第に日本の権力者たちは病気で苦しんでいる人たちと向き合うことをやめてしまいます。民を慈しむ文化が薄れるのと同時に、薬草院や悲田院は打ち捨てられ、平安中期には機能を失ってしまいました。

その後の平安京は、芥川龍之介《あくたがわりゅうのすけ》が描いた『羅生門《らしょうもん》』の世界のように、死体が転がり、その死体の髪の毛を老婆が抜いてカツラを作って売ろうとするような、なんとも悲惨な地獄のような光景が広がっていたようです。

庶民の遺体があっても、悲しまない？『明月記《めいげつき》』に見る貴族の感覚

薬草の管理もしないし、病気の人たちを病院に入れることもない。平安時代に入ると、権力者たちが平気で民を打ち捨てるようになったのは、どうしてなのでしょうか。

私が考えるに、遣唐使といった制度もなくなり、国外の文化に触れることがなくなった平安貴族たちが、気を抜いたのが大きな要因だと思います。それまでは、中国という先進国の文化を吸収しようと頑張っていた貴族たちですが、遣唐使制度がなくなったことで、良い意味でも悪い意味でも中国からの外圧がなくなりました。海外を一切見ることもなく、平和な治世が続いた末に、貴族たちは政治よりも趣味の世界に没頭します。そして、趣味の世界に注力した結果、和歌やひらがなに代表されるような国風文化が生まれたものの、下々の民のために何かしようという政治的感覚がどんどん失われていったのでしょう。

たとえば、当時、武蔵守《むさしのかみ》に任命された国司《こくし》は、「武蔵のような田舎には行きたくない」と言って、現地まで行かずに京都の都で贅沢な生活をするのが当然のことになりました。国司といえば、現在でいえば県知事のようなもの。本来ならば現地に滞在して、土地の問題を見聞きして、その土地のために政治を行うべき立場なのに、京都に居続ける選択を下

すというのは「自分だけ良ければよい。武蔵の政治なんてどうでもいい。武蔵まで行くのは面倒だから、京都で暮らして贅沢な生活をしてやろう」と政治を放棄したのと同義です。

鎌倉時代の歌詠みの第一人者であった藤原定家《ふじわらのさだいえ》（一一六二－一二四一年）が書き記した日記『明月記《めいげつき》』からも、民を軽視する感覚が窺われます。藤原定家は国文学の大スターともいえるような人物ですが、貴族としても高い官職を持つ人物で、現代ならば閣議を構成する大臣の一人のようなものでした。

その藤原定家は『明月記』の中で、寛喜の大飢饉に対する感想として「あまりに人が大量に死んでいるので、町中異臭がして臭くてかなわん。しかも屋敷を一歩出て、道に出てみると、のたれ死んでいる奴がいっぱいいる。死体の匂いが屋敷の中まで入ってきて、困った困った」と書き記しています。

もし、現代の日本で国会議員がこんなコメントをしたら、「庶民が困っているんだから対策をうたなきゃダメじゃないのか」「政治家である自分には、責任がないとでも思っているのか」と非難されていたでしょう。しかし、藤原定家は民衆への同情の言葉や自分たち政治家の無策ぶりに後悔を述べる様子はまったくなく、「臭い」「汚い」という感想しか残していません。

奈良時代に光明皇后が薬草を育てたり、病気の人を直そうと施設を作ったりして、民を慈しんでいたような姿勢は全くなくなってしまいます。それほどまでに、鎌倉時代には貴族と庶民の間の繋がりが失われていたのでしょう。

それ以降の日本の歴史を見ても、セレブの中には「どうせ下々の人間がいくら死んでも関係ない。自分たちの権力の確保の方が大切だ」というような感覚を持ち続けている人がいるように思います。現代の日本の政治家の中に感染症をはじめとする社会問題に正面から向き合う姿勢を持たない人がいるのは、もしかしたらそんな古くからの「民のことなどどうでもよい」という感覚が残っているからかもしれません。

第四章　怨霊《おんりょう》

日本で最初に有名になった怨霊《おんりょう》・早良親王《さわらしんのう》

初期の日本史で有名な怨霊といえば、平安時代に亡くなった早良親王《さわらしんのう》（七五〇―七八五年）でしょう。

早良親王は平安京《へいあんきょう》に遷都した桓武《かんむ》天皇の弟にあたる方です。この方が怨霊とされるようになった経緯は、京都にある長岡京《ながおかきょう》の建築が発端です。桓武天皇は平安京を作る前に長岡京という都を作ろうと計画したのですが、そのプロジェクトの実務面の責任者になったのが中納言《ちゅうなごん》の藤原種継《ふじわらのたねつぐ》という人物でした。ところが、彼は長岡京を作っている最中、突然、暗殺されてしまいます。

この事件のせいで、長岡京は不吉な忌まわしい都とされ、建造も中止に。長岡京は捨て置かれ、新たな都として平安京が作られました。そして、この藤原種継の暗殺事件の黒幕として疑われたのが、早良親王でした。

桓武天皇が奈良にある平城京《へいじょうきょう》を出て長岡京を作った一因には、東大寺《とうだいじ》をはじめとする奈良の寺院勢力の存在があったと言われています。この頃は寺院の勢いが非常に強く、朝廷の方針に口出しをすることが多かったため、桓武天皇は都を移すことで寺院勢力を切り捨てたいとの狙いがあったとされます。

そのため、現代の歴史業界では、桓武天皇は仏教勢力と縁を切るために、京都に長岡京を作ったとの見方が通説になっています。もっとも、私自身はこの説には懐疑的です。たしかに、道鏡《どうきょう》のように政治権力を握る僧侶も一部にはいましたが、ほかの僧侶たちがそこまで朝廷に対して支配的だったとは思えないからです。

そして、暗殺事件が起きたとき、疑われたのは、東大寺と非常に太いパイプを持っていた早良親王でした。「早良親王は長岡京に移ることを面白く思っていなかったはずだ。だから、藤原種継を暗殺して、長岡京への遷都を阻止しようとしたのではないか」という疑いをかけられたのです。

いまだに事件の真相やその犯人は詳しく解明されていないのですが、おそらく早良親王は桓武天皇との政治抗争に巻き込まれたのではないかとの見方もあります。早良親王自身も仏教の世界で非常に高い地位を持っていたので、仮に彼が無実であったとしても、彼を罰することで仏教勢力に痛手を負わせる思惑があったとも考えられます。

自分の無実を証明するため、ハンガー・ストライキで自死

こうした経緯の中、桓武天皇は早良親王に淡路島《あわじしま》への流罪《るざい》を申しつけました。しかし、早良親王は「自分は無実なのに、なぜ島流しにならなきゃいけないんだ」と怒り、その当てつけのように絶食し、ついには亡くなりました。

これは事実上の自殺ですが、ハンガー・ストライキで自死するには、よほど強靭な意志がない限りできません。この話を聞いた世間の人々は、「早良親王はさぞや無念だったろう」と思ったはずです。

早良親王の死以降、朝廷の要人が次々に亡くなっていきました。「これは無念のまま死んだ早良親王の祟りではないか」と周囲の人は恐れを抱き、彼の怒りを鎮めるため「崇道《すどう》天皇」という名前を贈りました。

早良親王だけでなく、死後に例外的に天皇の名前を贈られる人物はほかにも何人かおり、明治以降、死後に天皇の名前を贈られた人物を歴代の天皇に加えるかどうかは大変な議論を呼びました。当時は、天皇を頂点にする社会組織を作ろうと懸命になっていた時代なので、後に総理大臣になる高級官僚や錚々《そうそう》たる歴史学者をメンバーに加えた委員会が作られ、

歴代天皇について議論が進められました。そう考えると、当時は歴史学者の地位も高かったのですね。

議論の結果、崇道天皇は天皇とは認められず、歴代の天皇の一人には加えられていません。ただ、この時代の史料を見ると「崇道天皇」という名前が頻繁に出てくるので、当時の人にとっては存在感のある人物だったようです。

政治闘争に敗れて左遷され、怨霊となった菅原道真《すがわらのみちざね》

次に有名な怨霊といえば、菅原道真《すがわらのみちざね》（八四五―九〇三年）もはずせません。彼は、藤原氏が朝廷で権力を固めつつある時代に宇多《うだ》天皇に見いだされ、学者でありながらも出世を果たした人物です。

当時は、藤原良房《ふじわらのよしふさ》が初めて摂政《せっしょう》という立場で、天皇に代わって政治を司り始めた頃でした。その時期の、八六六年に応天門《おうてんもん》が放火される「応天門の変」が起こります。この放火事件に関わったとされる多くの人々が処罰され、藤原良房が朝廷で絶大な権力を得るようになりました。

ちょうどその時代に、宇多天皇が勢力を増す藤原氏にぶつけるようにして登用したのが、本来的には学者だった菅原道真でした。そして、菅原道真が右大臣に、そして、藤原良房の甥である関白《かんぱく》・藤原基経《もとつね》の息子である藤原時平《ときひら》が左大臣として登用されます。

当時、藤原基経は道真の能力を高く評価していたようなので、最初から二人の仲が悪かったわけではなさそうです。ただ、その優秀さを妬まれた菅原道真は失脚させられ、大宰《だざい》府《ふ》の長官に左遷。その二年後、赴任先の大宰府にて五十九歳で死亡しました。

すると、道真の政治的なライバルだった藤原時平が三十九歳で病死します。現代の感覚では三十九歳は若死にですが、当時はこの年齢で死ぬ人はたくさんいました。ですが、その死が少し不自然なものだったので、「これは菅原道真の呪いではないか」と祟《たた》りを恐れる声が少しずつ上がったようです。

その後も、落雷で朝廷の重要人物に死傷者が出るなど、不自然な事故や死亡が繰り返されたことから、「これは道真の怒りを鎮めなければ」と朝廷の人々は焦り、彼を神として祀ることを決めました。その結果、菅原道真を天神様として祀った神社が、全国様々な場所に存在するのは皆さんもご存じの通りです。

菅原道真の左遷は、怨霊化するほど恨みに思われるべき出来事だったのか？

ただ、ここで現代人として疑問を抱くのが、「なぜ菅原道真を怨霊化する必要があったのか」という点です。いかに政権争いに敗れたとはいえ、彼は流刑にあったわけでもなく、あくまで左遷です。現代風に言えば、左大臣は本社の専務で、右大臣は本社の常務のようなもの。社内の勢力争いに敗れた常務が、九州を統括する支社長に降格されたような感覚でしょう。

さらに、左遷といっても、大宰府で最も権力を持つ役職である大宰府長官という役職を与えられているので、さほど現地でもひどい扱いを受けることはなかったはず。菅原道真の役職は、九州全体を統括する、県知事たちのまとめ役のようなもの。十分偉いし、立派な役職です。

菅原道真が遣唐使を廃止したものの、その余韻がまだ残っていたし、新しい文化は中国大陸や朝鮮半島から入ってきていたので、左遷先の大宰府は、当時は栄えていました。そんな立場に置かれた人が左遷先で死んだからといって、別に祟る必要はないように思います。

ただ、ここから垣間見られるのが、当時の貴族が抱いていた京都に対する想いです。はっきり言えば、平安時代の貴族にとっては、京都以外の場所はとんでもない僻地《へきち》で、全く興味のない場所だったのでしょう。だからこそ、菅原道真を日本の中心である京都から九州の田舎に追い払ったことを、とんでもないひどい仕打ちだと周囲の人たちは考え、その地で亡くなった彼の怒りを鎮めるために神様として祀ったのでしょう。

そう考えると、当時の京都の貴族たちが、いかに精神的に委縮していたかがわかります。これがもし中国ならば、政治抗争で負けたほうは一族皆殺しが当たり前です。でも、菅原道真の場合、別に当人が九州の総支局長になるだけで済んだ上、神様として祀られています。

私が常々言っていることではありますが、海外に比べると、島国であった日本の政治の歴史はつくづくぬるいのです。

『源氏物語』『伊勢物語』に見る、京都以外はド田舎という当時の常識

平安時代の貴族の感覚を知る上で、非常に参考になるのが中国で生まれた「天子《てんし》蒙塵《もうじん》」

という概念です。

天子蒙塵とは、天子が難を避けるために、都から逃げ出して別の場所に籠ることを意味しています。平安時代の貴族たちも、天皇は都にいるべき存在であり、天皇がいる場所こそが都だという感覚をずっと持ち続けていました。もしも、本来は都にいなければならない存在である天皇（天子）が、何かの理由があって都にいられなくなるのはとんでもない異常事態だったのです。逆に言えば、天皇がいる都以外の場所は、取るに足らないどうでもよい場所でもありました。

平安時代の人々のそんな考え方は、文学作品などを見てもよくわかります。たとえば『源氏物語』では、主人公である光源氏《ひかるげんじ》が明石《あかし》へと左遷されるシーンがあります。明石に移った光源氏は、明石の君と出会います。明石の君は、非常に美しくて聡明で、源氏が愛した女性たちの中でもかなり人気のある女性です。

そんな彼女について、『源氏物語』では「鄙《ひな》にはまれな美人である」と描写しています。「鄙」とは田舎を意味するので、要するに、「こんな田舎にはありえない美人だ」という意味です。兵庫県の明石は京都の近くなので、さほど遠い場所ではないのにもかかわらず、当時の貴族たちにとって京都以外の場所である明石はまさにド田舎だという認識だったのでしょう。この描写を見れば、いかに当時の貴族たちが京都一点集中主義だったかがわかります。

『伊勢物語』に描かれた、在原業平《ありわらのなりひら》と藤原高子《ふじわらのこうし》をモデルにしたロマンスを見ても、平安時代の人々が抱いていた「京都主義」が見られます。

在原業平は菅原道真よりも二十歳くらい年上ですが、同時代を生きた貴族です。平安時代きってのプレイボーイとして有名な彼は、あるとき藤原高子という女性と恋仲になります。高子は藤原氏の本家の女性で、成長したら天皇の妻になることが運命づけられた純然たるお嬢様です。在原業平はその藤原高子をかどわかすというとんでもないことをしでかしたわけです。

許されない恋である以上、二人は駆け落ちを選びました。しかし、駆け落ちもむなしく、大坂で二人は藤原氏の追手に捕まり、藤原高子は連れ戻され、在原業平はボコボコにされてしまいます。一人残された彼は、傷心のあまり関東に旅に出て、「名にし負はば　いざ言問はむ都鳥　わが思う人は　ありやなしやと」、つまり「彼女は元気にしているだろうか。あぁ、都の鳥に聞いてみよう」という歌を詠んだとも言われています。

ただ『伊勢物語』の中では高子との駆け落ちについては多少デフォルメされており、男が女を誘い出して連れて駆け落ちすると、大坂周辺にたどり着いたときに鬼が出てきて、女が食われてしまうという物語になっています。

現代の我々の感覚では大阪と京都は非常に近く感じますが、平安時代の貴族にとって大坂はいつ鬼が出てもおかしくないド田舎だったのでしょう。この記述からも、当時の人々がいかに京都以外の土地を認めていなかったことがよくわかるのではないでしょうか。

しかし、そんな京都一点主義は、現代の我々から見れば非常に近視眼的なものです。もう少し当時の人々が視野を広く持つことができれば、菅原道真の大宰府への左遷も決してそんな大事とは受け取られず、九州へ左遷された菅原道真の呪いを恐れることもなかったはずです。

また、私が考えるに、菅原道真の事件が起こったあたりから、貴族が民とまったく向き合わなくなる感覚が生まれ始めているように思います。彼らは、京都の町さえよければいいし、貴族以外の庶民がどうなっても構わない。平安中期には庶民のためにつくられた悲田院や、薬草の製造所だった薬草院の運営をやめてしまったのも、その象徴です。その考え方が、先に紹介した『明月記』の藤原定家のように、民がいくら死んでも、そこら中に死体があっても見えないものとして振る舞ってしまう政治家たちを生んだのでしょう。

関東独立に利用された？　平将門《たいらのまさかど》の怨霊

続いて、少し毛色が違う怨霊といえば、十世紀に関東独立に向けて反乱を起こした平将門（九〇三？—九四〇年）です。

多くの怨霊は亡くなった直後に恐れられるものですが、平将門が怨霊として名前が挙がるようになったのは、彼の死後からかなり時間が空いた源平合戦や南北朝の動乱のとき。つまり、世の中が乱れるたびに存在を思い出されるという特殊な怨霊です。

平将門は関東独立の夢を掲げて蜂起しましたが、その伝承はいまだに数多く残っています。たとえば、私は現在千葉県市川市に住んでいるのですが、市川は平将門が本拠地としていた下総国《しもうさのくに》の国府があった場所で、いわば彼のお膝元なので平将門伝承が実にたくさん存在します。

平将門の近親が、源頼朝《みなもとのよりとも》の旗上げに味方して大きな功績を残した千葉常胤《ちばつねたね》ら千葉氏の先祖です。千葉氏は戦国時代まで形を変え、下総国の有力な武士として存在感を持っていたので、祖先である将門伝説を語り継いだのかもしれません。

なかでも平将門の伝承として一番有名なのは、八幡《やわた》の藪知《やぶし》らずでしょう。この土地は千葉県市川市八幡にある藪で、一度入ったら迷い込んで出てこられない禁足地として知られています。昔は広大な土地が広がっていましたが、現在は宅地開発が進んだ末、市川市役所の目の前に非常に狭い土地がぽつんと残っています。ただ、いまだに禁足地という扱いになっており、数々の伝承があります。かの有名な水戸光圀《みとみつくに》もこの藪の中に迷い込み、将門に遭遇したとの逸話も残っています。

一般的に平将門が怨霊として認知されるようになるのは、江戸幕府成立以降です。江戸時代になると、将門は神様として神田明神《かんだみょうじん》にも祀られました。江戸幕府が江戸を本拠地としていたため、神田明神の地位も上がった上、神田明神のお祭りは江戸の三大祭の一つとしても有名になりました。そんな神田明神に祀られているのは、関東独立のために蜂起した人物として有名な平将門だったので、江戸に住む人々の間で彼の存在が想い出されることが増えていったのです。

そして、多くの人々が、源頼朝が鎌倉に幕府を開いたことや、徳川将軍が江戸に幕府に置いて政治を行ったことによって関東の地位が引き上げられたのは、関東独立を考えた平将門の怨念の仕業ではないかと語り継ぐように。やがて平将門は日本の三大怨霊の一人として数えられるようになっていきます。

しかし、明治時代になると天皇の権威が再び持ち上げられ、天皇を崇拝する時代に突入したことから、「平将門は天皇への反逆者に過ぎない。神田明神は平将門を祭神から外すべきだ」という議論が持ち上がります。それと同じ理由で、現在東京・大手町《おおてまち》にある平将門の首塚《くびづか》を破壊するという動きも進みました。

ところが、ここがいかにも怨霊の存在を思わせる話なのですが、将門の首塚を壊そうとするたびに、何かしらの祟りが起こったのです。人々は彼の怨霊を恐れ、現在でも大手町には立派な首塚が残っています。

そのほか、平将門で有名なのが歌舞伎の市川團十郎《いちかわだんじゅうろう》の話です。市川團十郎の屋号である成田屋《なりたや》は、成田山新勝寺《なりたさんしんしょうじ》と非常に深いゆかりを持っています。ただ、この成田山新勝寺は将門調伏《ちょうぶく》を祈ったお寺なので、将門の霊を祀る神田明神とは相性が悪い。そのため、いまだに成田屋の人間は神田明神の近くには行ってはいけないと伝わっているそうです。

さて、三大怨霊に祀られた平将門ですが、実はその反乱自体は非常にお粗末なものでした。彼は特に理念も何も持っておらず、自分が親族を殺めた罪で朝廷からのお咎めをくらうことを嫌がり、「怒られるくらいだったら、いっそのこと関東の長として独立してやる！」と勢いで蜂起したようなもの。そんな軽いノリで独立蜂起した平将門が、本当に強い恨みを抱いて死んでいったのかは、はなはだ疑問の余地があります。

ただ、「関東独立」を掲げた彼の存在は、源頼朝や徳川家康など、のちに関東の存在感を高めようと画策した人々にとっては非常に都合がよいものだったからこそ、折に触れてその伝説が広まっていったのでしょう。このように、後の世の中の都合で怨霊が生まれ、利用されることもあった。平将門の怨霊は、時の為政者たちによって、関東の存在感を強めるために大いに喧伝されたという側面も、決して忘れてはなりません。

日本の怨霊ナンバーワン・崇徳院《すとく》とは？

ここまで数名の日本の怨霊たちを紹介してきましたが、もしも日本の怨霊ナンバーワンを選ぶとなると、間違いなく名前が挙がるのが崇徳院《すとく》（一一一九―一一六四年）でしょう。

崇徳院は鳥羽《とば》天皇と待賢門院璋子《たいけんもんいんしょうし》の間に最初の男の子として生まれ、将来の天皇となるべくして育てられ、鳥羽天皇から皇位を譲られ、崇徳天皇となりました。

ところが、この頃、ある噂が朝廷に流れ始めます。それは、「崇徳天皇の母である待賢門院璋子は、鳥羽上皇の祖父にあたる白河《しらかわ》上皇と逢瀬を重ねていた。崇徳天皇は、実は白河上皇の子どもである」というものでした。

この噂は父である鳥羽上皇の耳にも入ります。そして、鳥羽上皇は「もし、あいつが自分の子ではなく祖父の子ならば、自分の叔父《おじ》にあたる。叔父でもあり、俺の子でもあるならば、あいつは叔父子だ」と言い、崇徳天皇を激しく嫌ったと言われています。

本来ならば怒るべき相手は、不貞行為をした妻であるはず。よその男性と子どもを作った事実を夫に伝えないとなれば、現代ならば間違いなく離婚案件に発展しますが、鳥羽上皇はよほど妻である待賢門院璋子に未練があったのでしょうか。鳥羽上皇は、璋子自身を中宮《ちゅうぐう》という位から外したり、離縁したりすることもなく、その後も二人の間には子どもが生まれ続けているので、決して仲は悪くなかったようです。

その後、鳥羽上皇と待賢門院璋子の間には、新たな子どもが生まれます。それが、崇徳天皇の弟である後の後白河《ごしらかわ》天皇（一一二七－一一九二年）です。なお、母の璋子が非常な美人だったせいか、後白河天皇は若いとき非常にイケメンだったというような話も残っています。

鳥羽上皇は一一二三年に崇徳天皇に位を譲ったものの、後に自分が寵愛していた美福門《びふくもん》院得子《いんとくし》の皇子である近衛《このえ》天皇に位を譲るように迫り、一一四二年に崇徳天皇は譲位しました。

しかし、小さなときから病気がちだった近衛天皇が一一五五年に崩御し、その一年後には鳥羽上皇も病に倒れ、後継者争いが起きます。崇徳上皇は、自分こそが鳥羽上皇の後継者になると主張する一方で、後白河天皇が「いやいや、自分が後継者だ」と待ったをかける。両者が対立するなか、後白河天皇の側近であった藤原信西《ふじわらのしんぜい》が「貴族同士で争うのなら、武士を集めて相手を倒せばいいのだ」と主張します。

実は、このときから貴族同士が武士を動かして、武力で争うという対立構造が生まれました。なぜこんな簡単なことをみんなが思いつかなかったのか不思議ですが、平安時代の貴族たちは暴力を用いて争うという概念がなかった。だから、平安時代は三百年に渡って戦争が起こらなかったのでしょう。

「日本にパンツがなかった」論から見る、武力での闘争

世界を見渡せば、武力での政治闘争は頻繁に行われていたのに、なぜか日本では平安時代に入ってからは、あまり行われていませんでした。ちなみにこうした「なぜそんな簡単

なことを考えつかないのか？」と思うような出来事は、日本の歴史を振り返るとしばしば起こります。

たとえば、私がよく例に出すのがパンツの話です。日本人は、長い歴史の中でずっとふんどしを身に着けており、明治時代に入るまでパンツを作るという発想は生まれませんでした。もちろんふんどしが好きで、心地よいという人もいるでしょうが、多くの人がパンツのほうが便利だと感じているからこそ、ここまで世界にパンツが普及しているのだと思います。

この事例からわかるのが、「常識」の恐ろしさです。一度「これが常識だ」と思い込んでしまえば、「それを改良しよう」という発想がなかなか生まれない。日本人も「ふんどしがあればいい」と長らく思っていたからこそ、パンツのような簡便な下着を作ろうという発想には至らなかった。

それと同じで、平安時代の貴族たちが、武士たちを戦わせるという発想を持つことが長らくありませんでした。その中で、コロンブスの卵的な発想で「貴族同士で争いがあるのならば、武士を集めて相手を攻撃すればいいじゃないか」というまっとうな意見を出したのが、藤原信西でした。

当時ではコペルニクス的大発見とも言えるこの発想に従って、後白河天皇方が味方の武士を集めます。すると対抗して、崇徳上皇方も負けじと武士を集めます。

そして、後白河天皇側の武士としては、平清盛と、源頼朝の父である源義朝《よしとも》という平氏と源氏の中心人物が集まり、崇徳上皇方には源義朝の父である源為義《ためよし》、平清盛の叔父である平忠正《ただまさ》が味方することになりました。ただ、崇徳上皇側についた源為義と平忠正はまったく出世していない武士だったので、平氏と源氏という二大武家の中では、力の弱い武士でした。

これが、世にいう「保元《ほうげん》の乱」の始まりです。一一五六年に行われた決戦の末、勝利したのは後白河天皇方でした。そして、平忠正と源為義は、それぞれ平清盛と源義朝の手によって首をはねられました。肉親に肉親を手にかけさせるとは、なんともえげつない話です。

書いたお経を突き返され、激怒の末、舌を嚙み切った崇徳上皇

保元の乱に敗れた崇徳上皇は、罰として流刑に処され、四国・香川県へと流されます。香川県は魚もおいしいし自然もきれいな良いところなので、流刑地としては決して悪い場

所だとは思えません。ただ、菅原道真の際にご説明した「天子蒙塵」の概念を思い出していただけるとわかりますが、当時の人々は少しでも京都を離れて地方に行けば、とんでもない田舎に流されたような気持ちになるため、彼もさぞかし落ち込んだことでしょう。

その後、一つの事件が起こります。崇徳上皇は、先の保元の乱で亡くなった人たちがあの世で救われるようにと写経しました。そして自らが写経したお経を京都にいる自分の弟・後白河天皇に送り、「この写経をしかるべきお寺に納めてくれ。そうすれば保元の乱で無念の思いで死んだ人たちの魂も救われるだろう」と言付けました。ところが後白河天皇は、「何か呪いが込められているのではないか。こんな不吉なものを寺に収めることはできない」と拒絶し、崇徳上皇が一生懸命筆写した経を香川へと送り返してきました。

このひどい仕打ちに、崇徳上皇は大激怒。自らの純粋な想いを否定された怒りのあまり、舌を嚙み切って、その血を使って、後白河天皇が送り返してきたお経に「私は日本国の大《だい》魔縁《まえん》（大妖怪）になってやる。皇《すめらぎ》を取って民となし、民を皇となさん！」と書き込んだと言われています。この「皇を取って民となし、民を皇となさん」というフレーズは、「天皇を庶民に落とし、庶民を天皇に据えてやる」という意味で、血によって代々受け継がれる天皇家の在り方を否定するような、非常に革命的な発言でした。

その後、崇徳上皇は死ぬまで髪や爪を伸ばしっぱなしにして、魔物のような荒々しい容貌になった末、亡くなったと言われています。

平清盛と後白河上皇の対立から生まれた、崇徳上皇の怨霊

崇徳上皇が亡くなった当初は、特に人々の間で崇徳上皇に対する恐れはありませんでした。彼を怨霊とみなすきっかけとなる事件が起こったのは、彼の死から十年以上経った安《あん》元《げん》三年（一一七七年）のこと。後白河上皇が京都・鹿《しし》ヶ《が》谷《たに》で、平清盛を打倒しようと企てる、「鹿ヶ谷の陰謀」が起こりました。

もともと後白河上皇と平清盛の関係性はさほど悪くなく、むしろ手を携えて一緒に政権を運営していました。しかし、平清盛が次第に朝廷で力を蓄えていくのを見て、後白河上皇は次第に、「武士のくせにあいつは生意気だ。虫が好かない」と疎《うと》ましく思ったようです。そして、鹿ヶ谷という場所にある側近の別荘に人を集め、平清盛の打倒を相談したのだと言われています。

もっとも、私個人は、このとき後白河上皇が綿密な陰謀を企てたというよりは、自分の

側近たちと集まってお酒を飲んで気が大きくなり、「平清盛は、最近生意気じゃないか」「よし、あいつをつぶしてやろうぜ」と文句を言い合ったというほうが近かったのではないかと思っています。その証拠に、この場では特に具体的な清盛暗殺計画は決められていません。

ところが、この会合について耳にした平清盛は怒り狂い、鹿ヶ谷で一緒に酒を飲んでいた人々を死刑にしたり、島流しにしたりと、次々に制裁を加えました。この時、陰謀を企てた張本人だとされた真言宗の僧侶・俊寛《しゅんかん》が、現在の硫黄島《いおうとう》や喜界島《きかいじま》ではないかと噂される鬼界ヶ島《きかいがしま》へと流され、弟子の有王《ありおう》が彼を鬼界ヶ島まで探しに行くエピソードが、能の題材にもなっており、現代でも演じられています。

この事件が起こった二年後の一一七九年に、平清盛はクーデターを起こして後白河上皇を幽閉。そして、本当の意味での平家政権を打ち立てます。この動きを経て、翌年一一八〇年には源頼朝が立ち上がり、「世の中を自分の想い通りにしようとする平家を滅ぼそう」と関東の武士たちに訴えかけて蜂起しました。

鹿ヶ谷の陰謀が起こった一一七七年は、平家が自分たちの権力を確立すべく動き出そうとしたまさにその時期でした。それ以降、後白河上皇と平清盛の対立が始まることで、社会情勢は非常に不安定になっていきます。

政情不安なら社会が不安定になるのは当然ですが、世の中の人がなんらかの答えを求めた末、「これは四国で無念の死を遂げた崇徳上皇の呪いではないか」とささやかれ始めたのです。

我々の感覚からすれば、「香川はいい場所だから、崇徳上皇がそこまで怒る必要もないのでは」と思いますが、皇族、ましてや過去に天皇だった人物が、京都から違う場所へ行かされることは、大きな恨みにつながるのだと考えられていたのでしょう。

悲惨な死に方をした天皇たちの名前にまつわる不思議

ここで、興味深いのが、死後に天皇に贈られる名前についてです。死後に天皇に贈る名前（諡《おくりな》）は、その人物が亡くなってから貴族たちの会議を経て、つけられるのですが、その漢字の選び方には何かしらの法則があるように思います。

まず、気になるのが崇徳上皇にも使われた「徳」の字です。山口県で行われた壇ノ浦《だんのうら》の戦いでまだ幼いながらに入水《じゅすい》自殺を迫られた安徳天皇や、一二二一年の承久《じょうきゅう》の乱で後鳥羽《ごとば》上皇が島流しになった際、一緒に佐渡島に流されたその皇子である順徳上皇にも「徳」という字が贈られています。

なぜ、「徳」の字が付くのかというと、最初に思い浮かぶのは、やはり先ほどの「天子蒙塵」の思想です。当時の感覚では、天皇は本来京都にいるべき存在でした。事情があって京都にいられなくなってしまった場合、その天皇は恨みを抱いて亡くなるはずなので、死後に少しでもよい名前をつけてあげて怒りを鎮めようと朝廷の人々が考えたのではないかと、長年に渡って私は考えていました。

「徳」という字に怨霊化を防ぐ意味合いが生まれたのは、おそらく中世以降であったと思います。たとえば、古墳時代の天皇として有名な仁徳《にんとく》天皇も、名前に「徳」の字が入っていますが、この時代の人々の間では、「徳」の文字に「怨霊化を防ぐ」という感覚を込めることはおそらくなかったと考えられます。仁徳天皇は、素晴らしい仁と徳の天皇だという意味を込めて、純粋な想いでつけられたはずです。余談ですが、仁徳天皇の名前を入れ替えると、現在の天皇陛下の「徳仁《なるひと》」というお名前になります。

これを見ても、中世のある時期から、『徳』の字は怨霊化を防ぐ名前である」という認識が広まったのではないかと私は考えています。

しかし、「実は、『徳』という字に込められているのは、そんなに簡単な意味合いだけではないのかもしれない」と私自身の考えを改めるような、ひとつの事件があります。一二三九年に隠岐島《おきのしま》に流された後鳥羽上皇が亡くなったとき、最初、朝廷は後鳥羽上皇に「顕徳天皇」という名前を贈ろうと考えていました。名前を決める際に積極的に動いたのが、当時の朝廷で一番力を持っていた貴族・九条道家《くじょうみちいえ》です。この九条道家の息子は、鎌倉幕府の四代将軍の藤原頼経《ふじわらのよりつね》です。そのため、後鳥羽上皇が鎌倉幕府を討ち取れと号令をかけて起こった一二二一年の承久の乱以降の朝廷では、幕府からの援助を受けやすい九条道家がリーダーになっていました。

その発案に待ったをかけたのが、鎌倉幕府と土御門定通《つちみかどさだみち》です。土御門定通は、後嵯峨《ごさが》天皇の大叔父、かつ後見人であり、新たに鎌倉幕府と強い結びつきを持ちつつある人物でした。その土御門定通が、「隠岐院（隠岐の天皇の意）に顕徳天皇という名前は過剰である」と、九条道家の提案にケチをつけます。そこで、名前について改めて議論がなされた末に、顕徳天皇から後鳥羽天皇という名前に落ち着きました。

この一件以来、鎌倉幕府は九条道家に対して警戒の目を向け、その後、四代将軍の藤原頼経の失脚と同時に、九条道家は力を失っていきました。

「徳」と言う字に隠された本当の意味とは？

そこまで危険視されるほどに、顕徳天皇という名前は幕府にとって非常に都合が悪い名前だったのでしょう。では、そこにはどんな事情があったのかと私は考えました。

その疑問への一つの答えが見つかったのは、私の先生である東大名誉教授の笠松宏至《かさまつひろし》先生に、鎌倉時代に出された徳政令《とくせいれい》の意味を聞いたときです。笠松先生いわく「徳政令の『徳』には『返す』という意味がある」というのです。たしかに、戦前、國學院を拠点にして国文学の世界で有名だった折口信夫《おりぐちしのぶ》も「物や魂など、どこかへ行ったものが返ってくるとの意味を表すのが『徳』という字だ」と語っています。

笠松先生の説明を聞いたとき、私は「おや？」と思いました。天皇は本来的には京都にいるべき存在です。崇徳上皇や安徳天皇、順徳天皇など、「徳」の文字が付く天皇は、みんな京都以外の土地で亡くなっており、非常に無念な死を迎えた人々ばかりです。そうした天皇たちが怨霊にならないよう、貴族たちは「徳」の字を名前として贈った。これは、「素晴らしい」という意味ではなく、「魂だけは京都に帰ってきてください」という意味を込めているのではないか。

つまり、後鳥羽上皇に「顕徳天皇」という名前をつけるということは、「隠岐島で体は朽ちてしまったとしても魂は京都に帰ってきてください」というメッセージにもなります。

だからこそ、九条道家が後鳥羽天皇に顕徳天皇という名前をつけようとした際、幕府は「承久の乱を引き起こした天皇が魂だけでも京都に帰ってくるなんてとんでもない話だ」とケチをつけ、九条道家を危険思想の持ち主だと監視したのかもしれません。

諡《おくりな》として「崇徳」が、ハイブリッドである理由

崇徳天皇の名前に使われている「徳」だけではなく、「崇」の文字にも、実は深い意味があるようです。これまでに歴代の天皇で「崇」という字が名前に使われているのは、崇《す》峻《しゅん》天皇、崇道《すどう》天皇、崇徳天皇の三人です。

崇峻天皇は聖徳太子よりも少し前の時代に登場する天皇ですが、歴代天皇では珍しく暗殺されています。おそらく、これまでに天皇でありながら殺された人物は、崇峻天皇だけでしょう。

続いて、先にも挙げたように、崇道天皇、もとい早良親王は、藤原種継暗殺の疑いをか

けられて、抗議の意味を込めてハンガー・ストライキをして亡くなっています。

そして、日本で一番有名な怨霊と言われる崇徳天皇も、香川県で無念の死を遂げています。

このように名前に「崇」が使われている天皇は、みな非業の最期を遂げているのです。その事実を鑑みると、「崇」という文字には「素晴らしい」という意味を超えて、怨霊化を防ぐためのニュアンスがあるのではないか。考えてみれば、「崇」という文字は「祟《たた》る」という字にも似ているので、祟りを防ぐ意味が込められている可能性も十分にあります。

つまり、崇徳天皇は「崇」と「徳」という怨霊化を防ぐ文字が二つも入った、非常にハイブリッドな名前なのです。彼が日本で一番の大怨霊だと言われるのも、その所以なのかもしれません。

実は中世日本には、妖怪はいなかった?

怨霊だけでなく、日本は妖怪のいる国として有名ですが、実は妖怪の類は史料にはほとんど出てきません。残っている怪談話にしても、人が怨霊化したものばかりです。『ゲゲゲの鬼太郎』などの作品を通じて、現在では全国的に有名になった子泣き爺《じじい》や小豆《あずき》洗い、ぬりかべ、一反木綿《いったんもめん》などの妖怪は、実はさほど昔から日本にいたわけではないのです。最近の研究では、現在日本で知られている妖怪の大半は水木しげる先生が生み出したのではないかと考えられています。

また、江戸時代のおばけの話として有名なのが、津山《つやま》藩の稲生武太夫《いのうぶだゆう》という武士が伝えた『稲生物怪録《いのうぶっかいろく》』です。その物語を読むと、稲生武太夫が元服する前の十六歳の時、一軒家に一人で住んでいると、次から次へと妖怪が飛び出してきて、稲生武太夫を脅したのだそうです。しかし、武太夫は「自分は武士だから怖いものなどない！」と言い、妖怪たちの脅しにびくともしませんでした。

すると、最後には物の怪たちの大ボスである山本五郎左衛門《さんもとごろうざえもん》という妖怪が登場し、「私は妖怪の大将だ。お前を驚かしてやろうと思い、いろいろと手下を派遣したがお前はびくともしなかった。立派なものだ。この家は出て行ってやるが、また会おう」と言って、いなくなってしまったのだとか。

『稲生物怪録』にはそんな江戸時代の話がまとめられていますが、これを見てもわかるように、当時の妖怪話は、あくまで人間に毛の生えたような妖怪しか出てきません。そもそも妖怪のリーダーと言われる山本五郎左衛門は、ネーミングからして普通の人間の名前過ぎではないでしょうか。もう少し工夫してもいいではないかと思わずにはいられません。

やはり日本での妖怪話は基本的には水木しげる先生の影響が非常に強く、実際に恐ろしがられたのは、崇徳上皇を筆頭に、亡くなった人間が恨みを抱いて怨霊化する話のほうが多いのです。

妖怪よりも怨霊のほうが怖がられたという事実。それは、世の中で本当に怖いものは、妖怪よりも人間だという証明なのかもしれません。

第五章　葬送

東山《ひがしやま》時代における当代一の紳士が、死の床にいる女性に取ったある行動

若い頃に読んで、強い衝撃を受けた本があります。歴史学者である原勝郎《はらかつろう》先生が執筆した『東山時代に於ける一縉紳《いちしんしん》の生活』です。原勝郎先生は、京都大学で教鞭をとられた方ですが、日本中世史という一大ジャンルを築き上げた明治時代の大学者です。

タイトルの「一縉紳」は、ジェントルマンを意味していますが、この紳士が誰を指すのかといえば、三条西実隆《さんじょうにしさねたか》（一四五五―一五三七年）です。三条西実隆は室町時代から戦国時代を生きた三条家の分家出身で、内大臣まで出世。文化への造詣も深く、源氏物語の研究を行う一方で、現代にも伝わる香道《こうどう》は、三条西実隆がその基礎を作ったと言われており、現在でも三条西家は香道の家元としても知られています。つまり彼は、当時を代表する貴族であり、文化人であり、教養人でした。

私が所属する史料編纂所は三条西実隆の日記を所有しており、その膨大な日記は重要文化財に指定されています。原先生はこの日記をしっかりと研究し、その中から垣間見られる彼の日常を紹介したのが『東山時代に於ける一縉紳の生活』だったのです。現在でも講談社学術文庫に入っていますので、ご興味のある方は是非読んでみてください。

この本は大変すばらしい本なのですが、私はその記述の中で妙な点が気になってしまいました。当時、三条西家に仕える女性たちが複数人いたのですが、その中で三十年にも渡って仕えてきた梅枝《うめがえ》という女性が死にそうになり、誰の目から見ても「もう助からない」という状態に陥ります。

現代ならば病院に連れて行くことができますが、当時病院はありません。そのとき、三条西実隆のような教養人ならばやはり一生懸命看病するのかなと思いきや、なんと病気の梅枝を今出川《いまでがわ》周辺に放り出してしまうのです。

なぜ彼のようなジェントルマンが、そんな血も涙もない行為をしたのかといえば、かつての日本では屋敷の中で誰かが死ぬと「穢《けが》れ」が発生すると考えられていたからです。人の死は穢れであり、見てはいけないものだというのが当時の常識でした。その穢れを避けるため、誰か死にそうな人がいるとその死をなるべく遠ざけるのが、ごくごく当たり前のことだったのです。

本書でも何度か言及していますが、中世の貴族たちは非常に享楽的な人生を送っていました。他人が死んでも気にしない。毎日が楽しいので、自分にとって耳が痛い「死」については、できるだけ耳をふさぎたいので、死の床にいる病人がいれば、できるだけその存在を遠ざけようとする。

こうした日本の貴族たちの感覚は、現代のアメリカ人に近しいものがあるように私は思います。世界で一番豊かな国・アメリカでは、生きている間こそが天国なので毎日がパーティーのような日々を送り、死後のことはあまり考えない。むしろ、生きているうちに何を成し遂げるのかが重要視されているように思います。

最近は日本人も欧米化しているので、葬式を簡略化し、お墓にこだわらない人も増えています。それも、「いまが楽しければ死後どうなろうと関係ない」という心境が一因しているように私は思います。

中世の貴族たちが抱いていた「死」に対する感覚とは？

ただ、現代と室町時代で違うのは、当時のほうが、「死」がより一層身近なものであったことです。三条西実隆の日記を見ると、娘がキノコを食べて死んでしまうというくだりがあります。その当時は、キノコといえば舞茸と松茸しか認知されていません。松茸にあらずんば舞茸と言うほどに、その区別は大雑把なものでした。

とはいえ、この時代の人々も、周囲で毒キノコを食べて誰かが亡くなったりお腹を壊したりという手痛い経験をしていたのか、キノコの中には危険なものがあることは一般的に理解されていたようで、松茸と舞茸以外は基本的には食べてはいけないという認識だったようです。

三条西実隆の家に、ある日友達がキノコを持って訪ねてきます。その友達が持ってきたのは、地味な黒いキノコで、まるで舞茸のように見えたそうです。すると、それを食べた娘がお腹を壊して死んでしまう。

なんとも切ない話ですが、三條西実隆の日記では、その描写についても、非常にあっさりとしています。彼に限らず、貴族たちの日記を見ていると、あまりにも死が日常的なものだったせいなのか、死に対する情緒的な描写がほとんどありません。

たとえば、誰かが二十代の若さで亡くなれば、現代ならばみんながその若さを惜しんで悲しむはず。ですが、当時の日記からはそうした様子は見られず、あっさり「何某が死んだ。二十歳だった」などと書かれるのみ。ただ、これは当時の人が薄情なのではなく、それだけ病気などで命を落とす人が多かったのだと言えるでしょう。なお、当時の三大疾病は結核、脚気《かっけ》、糖尿病の三つです。そのほか、若いうちからガンガンお酒を飲みすぎて

「酒毒《しゅどく》」で亡くなる人もいたようです。

だからこそ、三条西実隆が、自分に仕えていた女性・梅枝が死にそうになったとき、「家の中で死なれるのは困る」と外に運び出したのも、大いにあり得る話だったのです。

同じように、当時の貴族が死の穢れを嫌がっていたことがわかるのが、藤原俊成《としなり》・藤原定家《さだいえ》の親子のエピソードです。

この藤原親子は二人とも歌詠みとして有名で、国文学ではスーパースターです。そして、二人ともかなり長生きをしているのですが、特に父の俊成は九十代まで生きました。

息子である藤原定家は先にも名前が挙がった『明月記』の中で、父・俊成が亡くなったときの様子を書き記しています。驚きなのが、父が亡くなりそうになったとき、定家は瀕死の父を家から運び出し、法性寺《ほっしょうじ》というお寺に置き去りにしたことです。父の俊成は、法性寺に一人置いておかれて死ぬのを待つばかり。定家も、毎日法性寺に顔こそ出すものの、お見舞いというよりは「いつ死ぬのか」を観察する意味合いのほうが強かったようです。

自分の親であっても、家で死なれるのは都合が悪い。それほどまでに、貴族たちが死の穢れを回避していたのです。

看病の代わりに祈祷《きとう》するのが当たり前だった中世日本

死の床にある人間は、穢れとして扱われる。それは、病気の人間が天皇であっても同様でした。

室町時代に第百一代の天皇となった称光《しょうこう》天皇は、二十代の若さで早逝しています。その死の様子はどんなものだったのかを、貴族の日記から紐解いてみましょう。当時の天皇は、清涼殿《せいりょうでん》という場所で暮らしていました。しかし称光天皇が死にそうになると、清涼殿を出されて、黒戸《くろど》と呼ばれる何もない離れのような小部屋に運ばれ、亡くなるまで安置されました。その時代に最も尊い存在であるはずの天皇であっても、「外に出される」のが当たり前だったのです。

ただ、さすがに病気の天皇に対して、何も対策を取らないわけにもいきません。いまにも亡くなりそうな称光天皇のために天台宗や真言《しんごん》宗の僧侶たちが護摩《ごま》を焚《た》き、ひたすらお祈りを捧げました。

かつて僧侶の中でも、一番位が高いのは、天皇の健康をお守りし、護持する役割を担う「天皇の護持僧《ごじそう》」たちでした。しかし、足利《あしかが》氏の将軍が権力を増すにつれて、徐々に天皇の護持僧グループは形骸化し、将軍家の護持僧に権力を奪われていきます。なお、将軍家の護持僧たちは、天台宗《てんだい》と真言宗のトップ僧侶たち十〜十二人ほどから構成されました。十二人が集まった場合は、一カ月ごとに担当者が代わり、毎月一人の僧侶が将軍のために祈っていたようです。

さて、称光天皇が亡くなりそうになったとき、将軍護持僧の一人だった如意寺満意《にょいじまんい》という僧侶が「天皇ために祈れ」と指名されます。天台宗の中には、比叡山《ひえいざん》と三井寺《みいでら》の二系統ありますが、如意寺満意は三井寺系のお寺に所属している格の高いお坊さんでした。ですが、彼は「天皇のために祈れ」という指名を嫌がります。

祈祷を嫌がった理由は、もう死ぬとわかっている天皇のために祈っても意味がないからです。祈っても効果がないまま亡くなってしまい、「あいつの祈祷《きとう》は駄目だ」と後ろ指をさされることを嫌がったのでしょう。如意寺満意の行動を見ても、「呪文を唱えても病気は治るものではない」という合理性は、当時の僧侶たちも持っていたのだとわかります。

とはいえ、彼はその指名を断りきることができず、護摩壇を組み、火をくべて祈りました。しかし、祈祷の甲斐なく、称光天皇は崩御され、如意寺満意は壇を破って力なく出てきたそうです。

新型コロナ対策と共通する、後小松《ごこまつ》上皇の「穢《けが》れ」の感覚

ここで興味深いのが、京都の御所内で称光天皇が亡くなった際、御所内がどうなったのかです。

称光天皇の父である後小松《ごこまつ》天皇は、とんち話で有名な一休宗純《いっきゅうそうじゅん》の父であるとの噂もある人物です。また、当時の日本の朝廷は南朝と北朝に分かれていましたが、北朝にいる後亀《ごかめ》山《やま》天皇が三種《さんしゅ》の神器《じんぎ》を京都に持ってくると同時に、南朝の天皇であった後小松天皇に譲位したため、後小松天皇は約五十六年ぶりに南北朝がひとつになったときの天皇としても知られています。

称光天皇が崩御されると、後小松天皇は息子の葬式をするためにその遺体が運び出すように命令しました。しかし、称光天皇の遺体が通った部分について、「穢れがあるから」として、全て破却しています。

後小松上皇が自分の息子の遺体に対しても、ここまで徹底した対策をしたのは、「穢れ」というものがそれほどまでに忌諱《きい》されるべきものだったからでしょう。

また、興味深いのが、仮に誰かが「穢れ」に触れた場合、どう対処されたのかです。

後小松上皇は室町四代将軍の足利義持《あしかがよしもち》とも仲が良かったのですが、彼が病気で亡くなったとき、後小松天皇は足利義持の死に直接接した人間が朝廷に出入りすることを禁止しました。

朝廷では、穢れに対して甲乙丙丁《こうおつへいてい》でランク付けをして、それぞれの禁忌《きんき》を決めることで、穢れが伝染するのを防ぐという概念がありました。まず、死人のそばに行き、「穢れ」に直接遭遇した人は「甲の穢れ」を持つと見なされ、一定期間の自宅謹慎を命じられます。「甲の穢れ」を持った人と接触した人は「乙の穢れ」を持ち、「乙の穢れ」を持つ人に接触した人は「丙の穢れ」を持つと見なされる。

なお、穢れは一度ついたら一生そのままというわけではなく、決められた期間を謹慎すれば穢れは消えると考えられています。決められた期間が一週間なら一週間自宅謹慎すれば、穢れもなくなると見なされていたのです。

こうした「穢れ」のとらえ方は、新型コロナウイルスの濃厚感染者に非常に近いものを感じます。新型コロナウイルスも、発症した人を「感染者」として一定期間隔離し、その人と同じ空間にいた人を「濃厚接触者」と見なして隔離していましたが、まさにこれは「穢れ」を嫌がる感覚と構造が非常に似通っているのではないでしょうか。

「喪《も》に服す」と言う感覚は、儒教の影響で生まれた

人が亡くなり、葬式をした後、一定期間「喪《も》に服す」という概念があります。が、この感覚はどこから来たのかというと、実は中国の儒教の考え方から生まれています。

親しい人が亡くなった際に謹慎する文化は、中国にも存在します。特に中国で重要視されるのは、親しい人の中でも親が亡くなったときです。なぜなら、中国では親孝行が最も大事な徳だからです。なかでも大切なのは親の死後に喪に服すこと。親が亡くなってから三年間は、外にも出ず、家に籠って泣き暮らすことが一番の親孝行だと考えられていたのです。変な話ではありますが、着るものもそのまま、髭も髪も伸ばしっぱなし。食べ物もろくなものを食べずに、両親を思って泣き続ければ、親孝行だと見なされました。

「そんなことしていて、生活はどうなるのか」と思うかもしれませんが、実は「あの人は親を思って喪に服している。なんと親孝行な人だ」という評判が立つと、仕官につながることが多々あったのです。

中国ではかつて科挙《かきょ》という全国一斉役人試験のようなものが行われていましたが、この試験が発案されたのは隋の時代で、実際に導入されたのは唐の時代です。それ以前の時代

に役人を選ぶ際は、親孝行かどうかが大きなポイントでした。

『三国志』で有名な三国時代の政治家である陳羣《ちんぐん》は、『九品官人法《きゅうひんかんじんほう》』という法律を作り、どんな人を官僚に抜擢するべきかというルールを定めています。このルールと並行して選抜のチェックポイントとなったのが、その土地での名声です。そして、その名声の内容として重要とされたのが、「よく他人に奢《おご》る気前のよさ」「親分肌」などのほか、「親孝行かどうか」でした。だから、三国志の時代には、その地域で「あの人は親孝行だよね」という評判が立つと、都に呼ばれて役人に抜擢されるケースが多々ありました。

親孝行と仕官には一見何も関係がないように思いますが、突き詰めると、任侠の世界に行き着きます。我々の感覚では、任侠の世界と官僚の世界は正反対に感じますが、当時の中国の歴史を見てみると、任侠の世界で親分肌として名を馳せていた人がいきなり官僚に抜擢されることは意外と多いのです。

たとえば、『項羽《こうう》と劉邦《りゅうほう》』で知られる漢帝国を作った劉邦や、『三国志』で知られる蜀《しょく》の劉備《りゅうび》、その右腕である関羽《かんう》や張飛《ちょうひ》も任侠出身です。

それに比べると、魏《ぎ》を統率した曹操《そうそう》の陣営は、折り目正しい人ばかりです。魏の軍師であった荀彧《じゅんいく》は、現在の河南《かなん》省にある潁川《えいせん》の出身ですが、このエリアは秀才が輩出される場所として有名でした。なかでも荀《じゅん》家は名門で、荀彧はその御曹司として曹操に召し出されています。

中国と日本の出世構造の違いについては、非常に興味深いものがあるため、今後もぜひ引き続き調査していきたいと思っています。

当時の朝廷では血が流れる行為は御法度《ごはっと》だった

当時の朝廷では「死の穢れは伝染するもの」だと考えられ、厳しく管理されていました。仮に、朝廷の内裏《だいり》のように常に清浄さが求められる空間で、人が亡くなったとしたら、それはとても大変なことでした。実際、内裏で人が亡くなった場合は、その遺体を戸板などに載せて担ぎ出し、「まだこの人は死んでいないから大丈夫だ」などと言いながら門の外にまで運びだしたら、「この人は今、死んだ。だから、内裏では人は死んでいない」と内裏では死人が出なかったことにするという冗談のような行為も行われていたようです。

以前、大河ドラマ『平清盛』の時代考証を担当した際、私が非常に困ったのが、上皇の命令によって御所の中で平清盛の母が殺されるシーンです。

当時の常識でいえば、本来殺人は朝廷内では絶対にやってはならない禁忌です。内裏で血が流れれば、穢れが生まれ、朝廷内の空間を正常に保てなくなってしまうと考えられていたため、御所の中での殺害は決してありえなかったのです。実際にこの放送を見てそのことを指摘された方がいて、私は「すみません」と頭を下げたことをいまだに時々思い出します。

大河ドラマ『北条時宗《ほうじょうときむね》』でも、朝廷のトップである関白が「自分の意見が通じないのならば死んでやる」と言って、天皇の前で切腹するシーンがあります。でも、本来であれば、そんな事態が起こることはまずありえません。朝廷で、なおかつ天皇の前で血を流すのは、御法度もいいところです。

朝廷と同じく、絶対に穢されてはいけない場所だと考えられていたのが神社です。神社は神の領域である神聖な場所でした。仮に神社に足を踏み入れる場合は、徹底的に穢れを嫌い、神の前では清らかさを保つことが求められました。

神社に行くと神主さんが境内を掃除していますが、それは穢れを払っているからこそ。また、神社に参拝者する際は、人々は水で口をゆすぎ、手を洗い、身体を清潔に保つことが求められます。

手を洗い、口をゆすぎ、うがいをすること。それは、まさに感染症に対する対応策と同じです。たとえば、海外を見ると、土足で家の中に入る文化も多いですが、日本では穢れを持ち込まないために、家の中では靴を脱ぐ人が大半です。また、外から帰ってきたら、手を洗い、口をゆすぐことも、幼い頃から習慣づけられます。日頃から穢れを排除する意識が高いことが、海外に比べると日本で感染症が蔓延しづらかった一つの理由なのかもしれません。

祖先の遺体が埋められた場所を知らなかった藤原氏一族

古来より日本人は穢れを過度に恐れてきたため、遺体にはなるべく近寄らない傾向にあります。その様子がわかるのが、太政大臣を務めた藤原忠平《ふじわらのただひら》の子である藤原師輔《もろすけ》の日記『九暦《きゅうれき》』という史料です。なお、父の藤原忠平は四章に出てきた怨霊・菅原道真と権力争いをして若死にした藤原時平の弟です。そして、忠平が先祖のお墓参りに行くものの、その日記には「私は父と祖父がどこに埋められているか知らない」と言う一文が出てきます。

この日記を見ると、その当時の貴族たちはお墓参りには行くのに、なぜか遺体が埋葬されている場所は知らない。これは現代の私たちには、非常に不思議な話です。

当時、藤原氏の一族は、宇治陵《うじりょう》と呼ばれる、京都府宇治市にある木幡《こはた》に埋葬されていました。明治時代の調査では、木幡の面積は南北一・八キロ、東西〇・九キロであるとの記録が残っています。これは東京ドーム三十四個分にも及ぶかなり広大な土地です。

藤原氏の誰か偉い人が亡くなると、藤原氏に仕えている役人が、遺体を木幡のどこかに埋めます。家族はそれに立ち会わないので、祖先がどこに埋まっているのかはわからない。結果、藤原本家のように身分の高い人ですら、亡くなった後、どこに埋められたのかがわからなくなってしまうのです。

なぜこんなことが起こるのかというと、昔のお墓は民俗学で「両墓制《りょうぼせい》」と呼ばれるように、遺体を埋める「埋め墓」と実際にお参りする「詣り墓」を区分していたからです。

現代の私たちは、お墓といえば、先祖代々の遺骨が墓石の下に安置されており、その前で手を合わせてお参りをするものだと認識しています。つまり、埋め墓と詣り墓は同じであることが一般的です。ですが、当時は「埋め墓」と「詣り墓」は別のものでした。木幡にもお参りする場所が別途設けられており、その場所に家族が来て、父母や祖父母に想いを馳せました。

現在は調査が進み、それぞれの埋め墓には一号から三十七号まで番号がつけられていますが、三十二号が藤原道長、三十五号が藤原時平、三十六号が藤原基経の墓ではないかと言われています。

敷地の一番外れの場所にお参りする場所を作り、エリアの中のどこかに埋め墓を作るのが当時の常識だったようです。

明治天皇を葬っている京都・伏見《ふしみ》の桃山御陵《ももやまごりょう》という古墳も、一番手前には遥拝所《ようはいじょ》と呼ばれ、訪問者たちがお墓に詣でるための場所があります。この桃山御陵に行くまでには、非常に高い石段を登らなければなりません。階段の横には車道もありますが、その道はあくまで皇族の方専用です。

余談ですが、桃山御陵の石段は全部で二百三十段ありますが、この段数は、教育勅語が発布された明治二十三年にちなんでつけられたとか。それだけ教育勅語は明治天皇にとって大切な意味を持つものだったのでしょう。

打ち捨てられて腐っていく美女の遺体を描いた「九相図《くそうず》」

お墓に対する感覚を見る限り、昔の日本人は、おそらく遺体はさほど重要ではないと考えていたのでしょう。人間が亡くなれば、その魂は身体から抜けてしまうので、残った肉体は魂が抜けたらゴミのようなもの。だから捨ててもよいと見なされていた。

現代では、太平洋戦争などの戦地で散った兵士の遺骨を集めるため、身銭を切って南太平洋の島などに向かう戦没者遺骨収集を行う方々がいます。これは素晴らしい行為だと思いますし、異国で無念の死を迎えた先祖たちの骨をなんとかして日本に持って帰りたいと考える気持ちも理解できます。でも、昔の日本人が仮にその様子を見たら、魂は靖国神社に祀られているのだから、わざわざ遺体を回収する必要はないと考えたことでしょう。藤原氏の宇治陵や、遺体を路傍に放置していた当時の人々の感性と比較すると、この数百年で日本人の遺体に対する感覚は大きく変化したのだと見ることができます。

道に打ち捨てられた遺体は、美術のテーマにも用いられています。

中でも有名なのが、「九相図《くそうず》」です。これは、路傍に捨てられた遺体が腐り、白骨化していく様子などを九段階に分けて描いたものです。モチーフの対象となるのは、だいたい女性。しかも美人です。なぜかというと、美人が死なないと絵にならないからです。時には小野小町《おののこまち》や嵯峨《さが》天皇のお后である檀林《だんりん》皇后など、歴史上の有名な美人が題材に選ばれているものもあります。現代であれば、国民的女優がモデルに選ばれていたかもしれません。

一枚目は、亡くなった日、もしくは生前の美しい女性の姿を描き、九枚ひと綴りで遺体がどう変化していくのかを描きます。最初はただの青ざめた遺体が、だんだん体内にガスが充満し、顔が膨れていく。ガスが爆発して内臓や骨が飛び出していくと、野犬や鳥が集まってきて、腐肉を食べる。これらの経過を経て、最終的には白骨になっていきます。

この遺体の変化のリアルさは、おそらく本当にその経過を見たことがある人でなければ描けないと思えるほどリアルなものです。

この九相図が描かれたのは、諸行無常《しょぎょうむじょう》を伝えるためだと言われています。諸行無常という言葉は『平家物語』の「祇園精舎《ぎおんしょうじゃ》の鐘の声、諸行無常の響きあり。沙羅双樹《さらそうじゅ》の花の色、盛者必衰《じょうしゃひっすい》の理《ことわり》をあらはす。おごれる人も久しからず、唯春の夜の夢のごとし」という一節でも有名ですが、九相図は、「どんな美人も亡くなってしまえばこうなってしまう」という諸行無常の概念を教えるために描かれたのです。

一方で、この九相図は、お寺で修行に励む若い僧侶に向けて描かれたとの説もあります。

常日頃僧侶たちは禁欲を迫られますが、若いうちはどうしても性欲に打ち勝つことが困難です。海外では修道士が女性に近づくことは死刑を意味しますが、日本の場合、僧侶同士、あるいはお稚児《ちご》さん同士の遊びは許されていたものの、女性には近づいてはいけません。そこで、煩悩が断ちきれない僧侶には、九相図を見せることで、「いいか、お前たちがどんなに美しいと思っている女性も死ねばこうなるのだぞ」と言い聞かせていたのです。

京都や鎌倉などの都市部では「遺体置き場」が決められていた

ただ、いかにゴミのような扱いだったとはいえ、遺体は始末に困ります。安易にどこかに放置すれば腐るし、ひどい臭気も放ちますし、場合によっては病原体の巣になることもある。だからこそ、家族に死者が出た場合、家の中には置いておけないので、どこかに捨てに行く必要がありました。

京都のように大勢の人が住む都市部では、みんなが好き勝手に道端に遺体を放置していれば、遺体から発生した病原菌でほかの人まで遺体になってしまう可能性があります。

そのため、以前から人が住んでいた歴史の古い地域の場合は、町の中に死体捨て場がちらほらと点在しています。逆に新しく作られた町の場合は、町の外に遺体置き場が作られているケースが多いです。これは、人々が経験から学び、徐々に「死体置き場は、できるだけ人のいないところに作った方がよい」との考えが生まれたからだと考えられます。

京都で有名な遺体置き場といえば、東の鳥辺野《とりべの》、西の化野《あだしの》、北の蓮台野《れんだいや》など。そのほか、よく利用されていたのが鴨川《かもがわ》の河原です。夏場の鴨川の河原はカップルのデートスポットとしても有名ですが、実はその周辺はかつて死体が捨てられていたのでした。

鎌倉の場合は、早くから町の中に死体を捨ててはいけないという共通認識があったようで、遺体置き場を想定した街づくりを行っています。では、どこに遺体を捨てていたかというと、鎌倉の町の中に入るまでの「七切通し《ななきりどお》」の外側です。

これに関して、私の先生であり、歴史学者の石井進先生が「地獄の風景」という素晴らしい論文を書いています。現在の建長寺《けんちょうじ》のあるエリアも切通しの近くでしたが、当時、その地は処刑場や死体捨て場のような「地獄」でした。そこに打ち捨てられた人々の魂を鎮めるため、一二五三年に開かれたのが鎌倉五山の筆頭にも数えられる建長寺だったのです。

建長寺の向かいには円応寺《えんのうじ》という寺院があるのですが、このお寺では日本では大変珍しいことに、祭神として閻魔大王《えんまだいおう》を頂点とする地獄の十王を祀っています。死者が集まる場所ゆえに、その魂を弔うために建てられたことは疑いの余地はありません。

江戸時代に入ると、人々は死体捨て場に死体を放置しなくなります。土葬ではありますが、一応葬式も行い、お墓に遺体を埋める形へと移行し、お寺の周りに墓地が作られ、現代のお墓に近い形式が取られるようになりました。

遺体をバラバラにしてハゲタカに食わせる「鳥葬《ちょうそう》」

日本のみならず、世界各国で遺体の始末には困るケースは多かったのでしょう。チベットの鳥葬は、まさに遺体の処理に困った末に考え出された知恵です。

鳥葬とは、その名の通り、亡くなった人の遺体を鳥（ハゲタカ）に食べさせるというもの。そう聞くと、「荒れ地に死体を放置しておけば、ハゲタカが寄ってきて、遺体をキレイに食べてくれるかな」と想像しがちです。

しかし、鳥葬の作法は、そんな生易しいものではありません。ただ遺体を放置すれば終わりではないのです。荒れ地に遺体を置いておくだけでは、ハゲタカは遺体を食べてくれない。ではどうするのかというと、遺体を扱う専門の職人たちがマチェットと呼ばれる鉈《なた》のような道具をふるい、ハゲタカが食べやすいように遺体をバラバラに砕きます。職人たちによってバラバラにされた遺体は、肉屋に並んでいる肉の塊のようにスライスされ、山高く積まれていきます。残った骨も、現地の人が食べるツァンパというハダカムギの粉を混ぜて、より鳥が食べやすいように加工します。

するとと、ハゲタカがやってきて、肉はもちろん、バラバラになった骨まで一緒にキレイに食べ切ってくれるのです。

もし、それが自分の愛する母親の遺体だったら……と想像すると、日本人の感覚ではとても耐えられないと思うのですが、チベットでは日常的に行われています。これも、チベットの人々が遺体の処理と向き合った末に生まれた、一つの解決方法だったのでしょう。

日本で最初に遺体が火葬された天皇は、持統《じとう》天皇

一般人はもちろん藤原氏の人間ですら祖先の遺体がどこにあるのかがわからなかったわけですが、天皇の場合は非常に大きな古墳を作って埋葬されています。一人の死に対して、わざわざ大きな古墳を作ったのは、為政者の権力を見せるという点もあったでしょうが、

同時に穢れを遠ざける意味もあったのではないかと私は思います。

しかし、この風習を変えたのが持統《じとう》天皇です。それ以前は、天皇が崩御するたびに大きな古墳を作っていたわけですが、朝廷に大きな負担が生まれるため不経済だと考えた。また、衛生的にも火葬のほうが穢れを排除できるとも考えたのかもしれません。

持統天皇は、こうした理由から自身の遺体を火葬にするようにと周囲に言い含めていたようで、歴代天皇で初めて火葬によって葬られた天皇になりました。

七〇三年に持統天皇が火葬にされてからというもの、天皇の葬式は、江戸時代までは火葬と土葬が長らく混在して行われてきました。

現在のように天皇の葬儀が土葬で行われるようになったのは、江戸時代の後水尾《ごみずのお》天皇以降です。現在の上皇・皇后両陛下は、御陵の縮小を理由に、従来の土葬での埋葬を見直して葬儀を火葬で行うことを決めたと発表されています。これが実現した場合は、おそらく約四百年ぶりに天皇が火葬で埋葬されることになるでしょう。

日本で火葬のお葬式が始まったのは、もとはといえば禅宗《ぜんしゅう》の影響です。ただ、世界的に見てみると、埋葬方法は圧倒的に土葬が多いようです。特にヨーロッパなどキリスト教文化圏においては、火葬は地獄の業火に焼かれるイメージが強いのか、「なぜ、自分は神を信じて正しい人生を送ってきたのに、死んだ後に火で焼かれなければならないのか」「体が残っていないと最後の審判に参加できないのではないか」との恐怖心を覚える人も多いのだとか。

それから、キリスト教の歴史を振り返ると、火刑もよく行われていますが、この死に方はなかなか簡単に死ねない非常に苦しい刑罰として知られており、むしろ一瞬で苦しまずに死ねる人道的な処刑方法としてギロチンが採用されたのはすでにご紹介した通り。そうした背景もあって、ヨーロッパでは火葬はあまり受け入れられなかったようです。

火葬から生まれた「遺骨を大切にする」という価値観

天皇のような一部の偉い人は別にして、多くの日本人は遺体に価値を置いていなかったので、日本に葬式という文化が根付いたのもかなり後のことです。私自身、「日本人は江戸時代に入るまで、ほとんど葬式を行っていなかった」という事実を知ったときはかなり驚きました。

ただ、一般庶民の骨については相変わらず火葬された後も打ち捨てられたままではありましたが、中世以降は仏教の浸透の影響か、天皇や貴族、有力武士などの遺体を火葬し、骨が手元に残るようになったため、「遺骨を大切にする」という発想の転換が生まれました。

やがて骨を集めて、新たにお墓を作ってその下に骨を納める文化が始まります。偉い人の場合は、ただのお墓ではなく、法華堂《ほっけどう》を作り、その地下に骨を埋めることも多かったようです。

一人につきひとつの法華堂を作ることもあれば、「法華堂を一人にひとつ建てるのは大変だ」と思った場合は、建物を支える四本柱の下にそれぞれ一人ずつ骨を埋めるケースもあります。法華堂によっては、四本の柱それぞれに、母親、長女、次女、三女が埋められていることもあります。

鎌倉幕府を立ち上げた初代鎌倉将軍の源頼朝が亡くなった際も、その遺骨を埋めた場所の上には法華堂が作られていました。現在、鎌倉に行くと源頼朝の墓と称される石塔が立っていますが、現在の形は幕末に薩摩藩主・島津重豪《しまづしげひで》が整備したもので、もともとのお墓は法華堂でした。

面白いことに頼朝の並びには、鎌倉幕府の第二代執権であった北条義時《ほうじょうよしとき》のお墓（かつては法華堂）があります。二人のお墓がこのように配置されたのは、義時の姉である北条政《まさ》子《こ》の考えからです。弟の義時は先に亡くなってしまいましたが、弟の法華堂を夫の頼朝の法華堂と並べて建てることで、北条家の権威を高めようと考えたのでしょう。

また、この頃、京都などで葬送の儀式を受け持っていたとされるのが、犬神人《つるめそ》と呼ばれる人々です。大社《たいしゃ》に仕える人を神人《じにん》と呼びますが、その下にいる下級の神官が犬神人でした。彼らは神社の穢れを払う役割をもっており、境内の清掃などを行っていたのですが、同時に葬送事業も担っていたと考えられています。

有名なのが、京都の祇園社《ぎおんしゃ》（のちの八坂《やさか》神社）の犬神人です。祇園社は元々疫病を退治する神・牛頭天王《ごずてんのう》などを祀っており、コロナ禍でも一躍有名になりました。

もともと、この祇園社は比叡山延暦寺《ひえいざんえんりゃくじ》の末寺として置かれていました。平安時代の終わりから鎌倉時代の中期にかけて、世の中が混沌とした時代、寺院が僧侶を武装させる僧兵集団が生まれました。

そんななか、一一四七年に、祇園社の神人と平清盛の一団の間でケンカが勃発します。平清盛の郎党たちが放った矢が神社の宝殿《ほうでん》に当たったことをきっかけに、多くの負傷者を生んだ、世にいう「祇園闘乱事件《ぎおんとうらんじけん》」が勃発しました。

これに対して、比叡山延暦寺の僧兵たちは「俺たちも舐められたものだ！」と蜂起。僧兵たちは、祇園社を京都の中での拠点や武器庫として、祇園社や日吉《ひえ》大社の神人たちと共に、平清盛とその父の忠盛の配流《はいる》を求めて、京都の町で神輿《みこし》をかついだデモンストレーションを行いました。僧兵たちの下で一緒に強い抗議活動を行ったのが、犬神人と呼ばれる人々だったと言われています。

江戸時代からお墓が増えていった理由とは？

一般人が、きちんとお墓を作るようになったのは、江戸時代以降ですが、それは夫婦別姓から夫婦同姓へ、という変化と密接な関連をもちます。戦国時代や江戸時代初期までは、庶民には苗字はないし、苗字を許された貴族や武士も基本的には夫婦別姓でした。つまり、結婚して嫁いでも、妻は夫の苗字を名乗っていなかったので、お墓といえば個人墓か夫婦墓が一般的でした。夫婦墓の場合は、たいてい二つの墓石が並んでおり、片方に夫の苗字が、片方は妻の苗字が刻まれています。

しかし、江戸時代がしばらく過ぎた頃、直系家族による世帯の誕生や、儒教的思想による祖先への念が生まれ、ひとつのお墓で家族全員を葬るスタイルが普及していきます。同じ墓に入るのであれば、苗字を分ける必要もありません。私の友人の研究者の中には「家族墓になると、夫婦別姓にする必要がなくなる。だから、次第に夫婦同姓が増えていったのではないか」と唱える人もいます。

家族墓が先なのか、夫婦同姓が先なのかは、私にはわかりませんが、その結果、家族墓と夫婦同姓は世の中にどんどん浸透してきました。

江戸時代の葬式は、地域によっても違いはありますが、今のように火葬ではなくて土葬が主流で、遺体を埋めた上に土饅頭《どまんじゅう》を作ることが多かった。裕福な人や特権階級の人は、遺体の上に墓石や卒塔婆《そとば》を建てていたようです。

土葬の場合、一つ問題なのが遺体を埋める場所です。

火葬と違って、遺体を土葬する場合はかなりスペースが必要です。そのため、家族の誰かが亡くなった場合、新たに遺体を埋める場所を確保するために墓地を掘り返す必要があります。すると、掘り進めて行った先に、以前埋めた祖先の棺桶にぶち当たることあったようです。

「亡くなった人の棺桶にぶつかるなんて、ぞっとしないなぁ」と思うかもしれませんが、その掘り当てた棺桶が、時には故人の親しい人の棺桶だったりすることもある。ただ、民俗学的な調査によれば、そんな出来事は「誰々さんがその人を迎えてくれているんだね」「あの人が呼んでくれているのだ」と受け取られ、縁起の良いことだとみなされていたそうです。

いまでは土葬のお墓はなかなか珍しいものですが、私も幼少期に山全体に棺桶が埋められている仙台の墓所に連れて行かれたことがあります。土葬になっているエリアには、特別な道がありません。だから、歩くときは、もしかしたら下に棺桶が埋まっている可能性もある。私自身、ビクビクしながら、墓所を歩いたものです。

棺桶が埋められていると、地中に空間ができます。そのとき、幸いにも私自身は経験しませんでしたが、人によっては、歩いていると時には足がずぼりと沈んでしまい、地中に埋まっている棺桶に足が届いてしまうこともあったとか。その場合は、おそらく足のすぐ下に遺体が埋まっているはずです……。

なお、当時の棺桶は現代のような寝棺ではなく、座るように棺桶に遺体を入れる座棺でした。その後、次第に火葬が普及して、徐々に寝棺が取り入れられるようになりました。

年月をかけて白骨化させる、沖縄で行われていた葬儀・風葬《ふうそう》

日本の葬儀の中でも、私が特に深い関心を寄せているのが沖縄の葬儀です。明治時代くらいまでは、沖縄では火葬でも土葬でもなく、「風葬《ふうそう》」という葬儀が行われるのが一般的でした。

風葬を行う場合、誰かが亡くなったら、その遺体を家のようなかたちをしたお墓に安置し、三年ほどかけて白骨化させます。沖縄は南に位置していて温かいので、腐敗も早く進み、多くの遺体が数年で白骨化されるのでしょう。そして、年月が経過したら、お墓の扉を開けて、腐敗して白骨化した遺体を取り出して、親族がその骨をキレイに洗う「洗骨」を行いました。遺骨を洗ったら甕《かめ》などに納めて、遺体を白骨化させるために安置していた場所よりもさらに奥にある、先祖代々の骨が安置される場所に骨の入った甕を置き、ご先祖様として祀るのです。

遺体が墓に安置された時点では、まだその故人は一人の人間として扱われているのに、遺体が腐り、骨が洗われて先祖代々の骨が眠るお墓に移されると、その故人はご先祖様の一人になる。この考え方は、大変興味深いと思います。

なお、沖縄ではこうしたスタイルのお墓を「門中墓《もんちゅうぼ》」と呼びます。どこからどこまでが門中なのかの定義は史料を読んでもよく理解できないのですが、現在でも残っている門中墓は多く、南部糸満《いとまん》にある幸地腹《こうちばら》門中の墓などは、その大きさや豪華さから現在でも大切な史跡として大切にされています。

現在では途絶えてしまった神秘の国・久高島《くだかじま》の風葬

沖縄本島で一番の聖地と呼ばれるのが、世界文化遺産にも認定されている知念村《ちねんそん》にある斎場御嶽《せーふぁうたき》です。御嶽《うたき》という言葉は、南西諸島で使われる「聖地」を意味します。あまりの神聖さから、江戸時代には聞得大君《きこえおおきみ》と呼ばれる最高位の神女をはじめ、琉球《りゅうきゅう》王国の王族の女性しか入ることができず、現在でも、神女と呼ばれる宗教的な役割を持つ女性しか入ってはいけない場所があるそうです。

斎場御嶽には三角岩と言うスポットがあり、この場所も神聖な場所として大切にされています。

南方の神話などでは、三角形という図形は女性の性器を表すことが多いです。パプアニユーギニアの民話などでは、三角形の空間を通り抜けることで、自分が新たに赤子として生まれ変わるとの意味を持つこともあります。斎場御嶽も、もしかしたら三角形の空間を通り抜けることで自分が生まれ変わるという意味を持っているのかもしれません。

そして、この三角岩の隙間を通ると久高島《くだかじま》という島が見えます。この久高島は、琉球王国発祥の地と言われており、海のかなたにあるという「ニライカナイ」とつながっているとされる、非常に神聖な場所です。なお、斎場御嶽はこの久高島へ祈りをささげる場として作られたという説もあるようです。

沖縄きっての神秘の島と言われる久高島には十二年に一度行われる「イザイホー」と呼ばれるお祭りがあります。イザイホーは女性だけのお祭りで、海の向こうにあるニライカナイからやってきた人をお祭りする儀式で、久高島で生まれた三十歳以上の既婚女性によって、総出で行われるものでした。

一時期は、民俗学者たちがこぞって久高島へ行ってそのお祭りを観に行き、その現象は「久高島詣で」と呼ばれたほどです。ところが、現在では女性の数が少なくなってしまい、一九七八年以降、イザイホーは実質的には行われていません。

さて、前置きが長くなりましたが、そんな聖地である久高島でも、誰かが亡くなった場合、遺体はお墓に入れるのではなく、共同遺体置き場のような場所に遺体を置き、腐るのを待ち、遺体が白骨化したら洗骨をして骨壺に入れ、再び遺骨置き場に安置する風葬が一般的だったそうです。

ところが、過去にある芸術家が一九六六年に開催されたイザイホーを見学するために久高島に訪れた際、遺体が安置されている場所に入り、棺を開け、その内部の写真を撮影してしまったのです。遺体などが鮮明に映ったその写真は雑誌に掲載され、大きな反響を呼び、多くの人が風葬の地に足を運びました。しかし、墓を荒らすような暴挙を行う観光客も多く、久高島の人々は自衛策として墓を閉じ、それ以来、島での風葬の文化は途絶えたと言われています。

沖縄で行われる風葬は、葬儀の手段としては、香港と非常によく似ています。香港にも洗骨の文化があり、葬儀の後は遺族が骨を洗います。たしかに沖縄は中国の影響を強く受けているため、魚や牛よりも豚肉が中心となる食文化をはじめ、共通の文化も多いです。そう考えると、食文化と同様に、葬儀の文化についても中国の影響を強く受けたのかもしれません。といって、中国の一部の研究者が言うように歴史的に見て沖縄は中国に帰属すべきだ、などという考えには大反対ですが。

日本でも万能薬として売られていたミイラ

本章の最後にお伝えするのが、ミイラの話です。

日本では修験道《しゅげんどう》の場として有名な山形県の湯殿山《ゆどのさん》には、僧侶が生身のまま地中に潜り、そのまま断食死して亡くなる即身仏があります。内臓等は取り出されていないものの、これが日本のミイラです。

江戸時代には、オランダの船がエジプトから来たミイラを六十体近く持ってきました。これによって、ヨーロッパで行われていたミイラを薬として粉にして飲むという文化がオランダ人を介して日本にも伝わり、現在の東京・上野のアメ横付近で売られていたようです。

ミイラの粉も、水銀と同様に梅毒をはじめとする万能の治療薬として人気を呼んだそうです。現代人からすれば、水銀もミイラも飲んでも効果はないのでは……と思いますが、ヨーロッパから入ってきた舶来品だからこそ、当時の日本人は「これはきっと良いものに違いない」と信じて疑わなかったのでしょうか。

ミイラは、外国でも様々な形で登場します。

日本にキリスト教を伝えたイエズス会の修道士であるフランシスコ・ザビエル（一五〇六－一五五二年）も、その遺体はミイラとして残っています。ザビエルが中国の上川島《サンシャン》で亡くなった際、バチカンにあるローマ教会からは「キリスト教に多大な業績を残したザビエルの遺体を持って帰ってこい」という命令が出ました。

そこで、周囲の人々は船に乗せてザビエルの遺体を持って帰ろうとするのですが、遺体が妙なかたちで腐ってしまうと大変なので、遺体の上から石灰の粉を大量に撒いて、できるだけ白骨化を早めたのだとか。

不思議なことに、石灰を撒いて白骨になるのを待っていたものの、ザビエルの遺体は全然腐敗しませんでした。それを見た人々は、「ザビエルは聖なる人だったのだ。だから遺体が腐らないのだ」と驚きました。そしてザビエルは、ローマカトリック教会から聖人として認定されています。

彼の亡骸《なきがら》はインドのゴアにあるボム・ジェズス大聖堂に安置されており、何年に一度か公開されています。最近では、二〇一四年に公開され、ザビエルの遺体を見るために長蛇の列ができたと報道されています。

ザビエルの遺体をネットなどで画像検索してよく見ると、その遺体には右腕がないことがわかります。彼の死後、その右手は切られ、様々な場所を転々とした後（この腕は日本にも来日したそうです）、現在は、聖遺物《せいいぶつ》としてイタリア・ローマにあるジェズ教会に安置されています。

なお、ヨーロッパでは腐敗防止か消臭効果なのか、遺体に石灰をかけることが、意外と多かったようです。たとえば、音楽家のアマデウス・モーツァルトの人生を宮廷音楽家のサリエリの視点から描いた映画『アマデウス』では、モーツァルトが亡くなって、彼が作曲したレクイエムが流れるなか、棺が運ばれるシーンがあります。

市民墓地のようなところまで彼の遺体が入った棺が担がれ、墓地にある大きな穴の前に着くと、棺の中から遺体の入った袋が滑り落ち、ほかの遺体入りの袋の上に積み重なるように穴の中に落ちていきます。そして、袋の上には、真っ白な粉がかけられて、葬儀は終了。この時に大量にかけられた真っ白な粉が、おそらく石灰だと思われます。

特に誰に見守られるわけでもなく運ばれた遺体は、結局は集団墓地にボーンと捨てられてしまう。当時、ヨーロッパでも、死体は案外ゴミのような扱いだったのかもしれません。

教会を作るためにはかかせないミイラの存在

みなさんはキリスト教の教会が作られるときには何が必要かご存じでしょうか？

お寺は土地さえあればどこにでも建てることができますが、教会は好きな場所に勝手に建てられるものではありません。

教会を建てるのに必要なのが、聖遺物の存在です。聖遺物とは、聖者の遺体や聖者が触れたものなどを指しますが、一番手に入りやすいのが、先ほど述べたザビエルの遺体のような聖者のミイラです。

たとえば、イスラム教徒と戦って命を落としたキリスト教徒の遺体がミイラ化していた場合、その遺体は聖遺物として認められます。

私がかつて新婚旅行でドイツのローテンブルグという城郭都市に滞在した際、近くにあるディンケルスビュールという中世の街並みが残っている町に立ち寄ったことがあります。

ヨーロッパの中世の街とは、市庁舎（今でいう市役所）と教会、それからマルクト広場の三点セットを中心に街が作られています。

ディンケルスビュールの町の中心にも聖ゲオルク教会という教会があり、足を運んでみると、なんともうやうやしくミイラが飾ってある。最初に見たときは、「これは何だろう？」とぎょっとしたのですが、それこそが聖遺物だったのです。

なんでもそのミイラは生前キリスト教の司教だったそうなのですが、遺体に綺麗な衣服を着せ、ガラスケースに収めて人々に見せることで、ミイラがキリスト教の信仰の対象になるとは、なんとも不思議なものです。ヨーロッパでは火葬に対する拒否反応は強いものの、ミイラに対する抵抗感は薄いのかもしれません。

また、ユニークなのが、ウィーンの中心部にある聖シュテファン大聖堂でしょう。ここはハプスブルグ家の墓所で、歴代の王族たちの内臓を収めた壺も安置されています。「内臓を収めた壺って何？」と思うかもしれませんが、ハプスブルグ家の人々の遺体は、遺体と心臓、その他の内臓の三つに分けて、別々の場所に保管されたそうです（ちなみに、心臓はアウグスティナー教会で、遺体はカプチナー教会に安置されたとか）。モーツァルトの葬式もこの大聖堂で行われたと言われています。

全世界の遺体への扱いや感覚の違いを見てみると、そこに至るまでの宗教観や風土、歴史が垣間見られます。この差異を知るのも、なかなかに興味深いものではないでしょうか。

第六章　臨終

織田信長の本能寺での死に様は、誰が伝えたのか？

人生の最期の様子である臨終。日本史を見ても、その様子は様々です。

ただ、歴史研究者としては、いかに有名な逸話であろうとも、その死に方は誰が伝えたのか、本当にそれは誰かによって確認されたものなのかを、きちんと検証する必要があります。同時に、史料を残した人物が、どれだけその臨終の様子を正確に描写できているかも重要になります。もし、いかに史料が残っていたとしても、執筆者が何事も自らの目で見てきたかのように嘘をつく人であった場合は、信憑性は大きく揺らいでしまうからです。

実際、歴史を振り返ると「どうしたらその状況で死に際がわかるのか？」と疑いたくなるようなシチュエーションが案外少なくありません。

たとえば、その壮絶な死にざまで知られるのが、京都にある本能寺で焼け死んだと言われる戦国武将・織田信長（一五三四―一五八二年）でしょう。本能寺にいた信長は、夜に敵襲を受け、「攻めてきたのは誰か」と家臣に問います。すると、森蘭丸《もりらんまる》が「明智光秀です」と答えた。これに対して信長は「是非に及ばず」と答え、これを最後の言葉に、本能寺に火を放って自害したと言われています。

この描写は戦国時代の武将・太田牛一《おおたぎゅういち》が残した史料『信長公記《しんちょうこうき》』に残されたものです。ただ、冷静になって、その死に際の描写の信憑性について考えると、どうにも疑わしいのです。信長自身は本能寺内で死んでいるわけですし、周りにいた御付きの家来たちも信長と一緒に命を落としているはず。ならば、誰がどうやって織田信長の臨終の様子を太田牛一に伝えたのかは謎です。場合によっては、太田牛一が創作した可能性もないとは言えません。『信長公記』のように信長が生きた時代に書かれた史料だからといって、臨終の描写については、すべてを鵜呑みにして信じるわけにはいかないのです。

ただ、太田牛一はもともと信長に仕えていた武士だからこそ『信長公記』を書いた人物なので、信長周辺の人に知り合いも多かったでしょうし、自身も空想でモノを書くのではなく、きちんと周囲に取材する姿勢は持っていたようです。

『信長公記』の中には、本能寺が敵襲に遭ったとわかったとき、信長がお付きの女性や子どもたちに「女はくるしからず。急ぎ罷《まか》り出でよ」と言って逃がすシーンがあります。仮に太田牛一が信長の臨終の様子を知りえたとすれば、この時に逃げた女性や子どもたちの誰かに取材した可能性があります。そして、彼らから「私たちが逃げるとき、信長様は『是非に及ばず』とおっしゃっていました」というコメントを取ったのかもしれません。

このように「どうやってその情報を知りえたか」「その人は信頼にたる書き手なのか」をきちんと追及することが、歴史研究者の視点として非常に重要になってきます。

史料的にも信頼ができる細川ガラシャの臨終の様子

一方で、史料的に信憑性が高いのが、細川ガラシャ（一五六三―一六〇〇年）の臨終です。

ガラシャの臨終の様子は、『霜女覚書《しもじょおぼえがき》』という史料に描かれています。この史料は彼女に仕えていた霜という侍女が、ガラシャの孫にあたる肥後《ひご》熊本藩主・細川光尚《ほそかわみつなお》から、「祖母の最期を教えてほしい」と請われて、証言した言葉をまとめたものです。

この史料のようにどの筋から聞いた話かがわかると、誰から聞いたかわからない伝聞に比べると、歴史的な価値は高まります。

事の起こりは、関ケ原の合戦のとき、細川家を西軍に引き入れようとした石田三成によって、大坂玉造《たまつくり》の細川屋敷にいるガラシャを人質として要求したことが発端です。しかし、三成の人質になることを良しとしなかった彼女は、自分の息子の妻であり、前田利家《まえだとしいえ》の娘である千代《ちよ》に「逃げなさい」と告げ、自分は死を選択します。

ここで論点になるのは、ガラシャ自身が自害をしたかどうかです。細川ガラシャは敬虔なクリスチャンとして知られていますが、キリスト教信者にとって自殺は大きな罪です。信仰心の厚い彼女が、キリスト教では罪とされる自害を選ぶとは考えにくいのです。

史料によれば、彼女は小笠原少斎《おがさわらしょうさい》という細川家の重臣に「自分を殺してほしい。私はキリスト教徒で自害はできない。だから、あなたに殺してほしいのだ」と頼んだそうです。

小笠原少斎は細川ガラシャの首をはねようとするのですが、細川ガラシャは「首ではなく胸を刺してほしい」と言い、小笠原少斎はその言葉通りにガラシャの胸を刺し、彼女は絶命したそうです。小笠原少斎もガラシャの命を絶った後に自死したと言われており、霜と侍女たちは、屋敷から命からがら逃げだしました。

自分自身では手を下していないものの、結局は自分で死を選んでいるので自殺のようなものですが、彼女にとってはそれしか方法がなかったのでしょう。

そして、細川ガラシャの臨終の様子は、その近くで仕えた人が実際に見たものを語り、現代にも史料として伝わっているのでかなり信憑性は高いと言えます。

「一人では死にたくない」からこその工夫

「これでおしまい」

これは、幕末を生きた武士・勝海舟《かつかいしゅう》（一八二三―一八九九年）の臨終の言葉として有名な一言です。

人の死に際である臨終には、まさにその人自身の生き様が出ると言われますが、勝海舟の死に際はやはり潔さを感じます。

江戸城無血開城をはじめ、幕末の偉人として激動の時代を活躍した勝海舟ですが、彼のようにやるべきことをやって死んだ人だからこそ、「これでおしまい」と潔く自分の人生を幕引きできるのかもしれません。ただ、多くの人はなかなか簡単に人生について割り切れるものではないでしょう。

デンマーク人の哲学者であるセーレン・キルケゴールも、「死は忌むべきものではない」と語っています。

死とは嫌うものではなく、永遠の安息であり、死によって自分はようやく眠りにつけるという感覚なのでしょうが、よほど働かない限り、そんな言葉は出ないはず。キルケゴールのように働き抜いた人だからこそ、「これでもう楽になれる」と死にゆくことができるのではないでしょうか。私を含めた凡人は、なかなかそのような境地に達することはできません。

本書で見てきたように、昔の日本人はよほど偉い人であったとしても、家族に看取られて死ぬわけではなく、一人で放り出されて死ぬことが大多数でした。しかし、一人で死ぬのは怖い。だからこそ、色々と工夫を重ねてきました。現代では、家族みんなに看取られて穏やかに死ぬスタイルが良しとされるのも、一人で死ぬ恐怖を和らげるための工夫の末なのでしょう。

殉死を強要したものの、部下に拒否された宇喜多直家《うきたなおいえ》

本質的に、人間とは一人で死ぬのが怖い生き物なのでしょうか。それゆえ、武士の中には、臨終の際に「一人で死ぬのは怖いから、お前も付き合って一緒に死んでくれ」と他人を巻き込もうとする人もいました。一番多いのは、主君に当たる武士が、自分が死ぬとき、家来に一緒に死ぬことを強制するケースです。これは、いわば二章でご紹介した「殉死《じゅんし》」

です。

多くの武士の場合は、自分から家臣に殉死を強要するのではなく、家臣が自発的に死を選ぶケースが大半です。しかし、中には自分から部下に殉死を強要する人もいました。そこで有名なのが、戦国時代の備前国《びぜんのくに》の武将であった宇喜多直家《うきたなおいえ》（一五二九—一五八一年）です。

宇喜多直家という人物は、安土桃山《あづちももやま》時代の作家・小瀬甫庵《おぜほあん》の『太閤記《たいこうき》』の中では、目的のためには手段を選ばず、とにかく汚い手を使う極悪人として描かれています。自分の家族や親戚であっても切腹の強要や謀殺を行うし、その暗殺方法にしても銃や毒など実に様々な手段を使っています。ちなみに鉄砲での暗殺は、宇喜多直家が日本史上初めて企てたと言われています。

ただ、そんな腹黒さが災いしたのか、彼が四十代になった頃、お尻から大量の血が出て、死の床につきます。おそらくは大腸がんなどを患っていたのではないかと思いますが、明らかにもう助からないほど病状が悪かったようです。

すると、彼は何を思ったのか、「一人で死ぬのはいやだ。仮に自分が死んだら付き合ってくれる人はこの紙に名前を書いてくれ」と周囲の家来たちに伝えたそうです。どんな極悪人であっても、死の床では一人で死ぬ不安が勝ったのでしょうか。自分のために死んでくれる人がいるなら、死んでも安心だという安心感に浸りたかったのでしょう。

普通に考えれば「一緒に死んでくれ。その証明に名前を書いてくれ」と言われるのは、仮に主君であっても部下たちからすればいい迷惑だったでしょう。とはいえ、一応主君なので「いや、一緒には死ねません」とストレートに言うこともできません。

では、家臣たちはどうしたか。ここで、声を上げたのが先祖代々古くから宇喜多家に仕え、なおかつ一番の家来として活躍してきた花房《はなふさ》という家臣です（この花房一族には、花房助兵衛《すけべえ》という人物がいることでも有名です）。

史料によれば、花房氏（別の史料では長船氏だという話もあります）は、宇喜多直家に「お前はずっと自分に仕えてきてくれた。自分が死んだら、お前は間違いなく死んでくれるよな？」と聞かれたそうです。すると、花房はこう言いました。

「私は戦場での槍働きには自信があります。敵と戦って相手に打ち勝つことには、自信があります。でも、私はあの世のことは何も知りません。だから殿が死んだときに一緒に死んだとしても、地獄であろうと極楽であろうと私は道案内をできかねます。だから一緒に死ぬのは困ります。もし、あの世での道案内を殿が希望されるのであれば、坊主を殺して差し上げましょう。殺した坊主と一緒に、あの世に行かれたらいかがでしょうか」

宇喜多直家は、自分が一番信頼している部下にそう言われてしまったため、たいそう気落ちして、枕元に置いておいた紙を回収したそうです。

宇喜多直家のような人物であっても、やはり自分が死ぬときはさみしいもので、誰かが一緒に死んでくれないかなと思う。そして、「あなたと一緒に生きることができて幸せだった」と言われたくなるその気持ちはわからないではありません。

私も、妻である本郷恵子さんに、「僕が死ぬときは、嘘でもいいから『私はあなたと生きていて楽しかった』と言ってくれ。そしたら僕はにっこり笑って死ねるから」と言ったことがあります。

すると、彼女からは「嫌よ！　なんでそんな嘘をつかなきゃいけないの」と即座に断られました。死ぬ恐怖を和らげるために「あなたと暮らして、あなたと生きて私は幸せでした」と言ってくれたなら、私も「あぁ、よい人生だった。よかったな」と死んでいけるのですが……。嘘でいいのですが……。なかなか人の心はうまくいかないものです。

徳川家康を想って、「死にたくない」と歌を詠んだ本多忠勝《ほんだただかつ》

この宇喜多直家の死に様と対照的なのが、江戸時代の武将・本多忠勝《ほんだただかつ》（一五四八—一六一〇年）の死に様です。本多忠勝は、徳川家康の部下の中でも絶大な信頼を集めた人です。徳川家康は歴史上稀な健康オタクで長生きしたため、本多忠勝のほうが先に死んでいますが、そんな彼が残したのが次の歌です。

「死にともな、嗚呼死にともな、死にともな」

これを現代語に訳すと、「死にたくない、ああ死にたくない、死にたくない」というもの。なぜ、彼ほどの勇者がこんな歌を歌ったのかは、その下の句を見ると明らかです。

「深きご恩の君を思えば」

つまり「主人の徳川家康を残して死ねない。大変な恩を与えてくれた主人より先に死ぬわけにはいかない。家康公を置いて俺は先に死ねない」ということ。それほどまでに、徳川家康への深い恩義を感じていたのでしょう。もっとも、この歌は本多忠勝の家来が、主人である本多忠勝に向けて詠んだ歌だと見なす場合もあります。

このエピソードの真偽のほどはさておいて、主君と家来の間に深い絆がある場合もあれ

ば、宇喜多直家のように「殉死はまっぴらごめんです」と断られてしまう場合もあるなど、武士の死に関する感覚はなかなか個人差があって、おもしろいものです。

ラフカディオ・ハーンの描いた、壮絶な「臨終」

臨終について描いた怪談話として有名なのが、ラフカディオ・ハーンの『怪談』にある「かけひき」というエピソードです。

この物語のなかでは、強い恨みを抱いたまま死刑が決まった男が登場します。彼は斬首刑に処せられる寸前に、「もし自分が死んだら、自分を殺したお前の家を祟《たた》ってやる」と言い残します。

すると、介錯人はこう返します。

「お前の気持ちはよくわかった。しかし、私はお前のその強い気持ちを確かめたい。いまからお前の首を斬るが、あそこに岩があるだろう。首を切った後、あの岩まで飛んでいって、がっちり岩に嚙みついたならば、お前が抱いている『祟ってやる』という気持ちは本物だと納得しよう」

すると、男は「見ていろ。必ずあの岩に噛みついてやる」と言い残します。

いざ、男の首が斬られると、その首は男の言葉通りに、びょーんと飛んでいき、ガブリと岩に噛みついたのです。すると、その様子を見た人たちは恐れおののきました。

「こいつは、死に際まで『この家を祟ってやる』と言いながら死んでいき、岩にまで噛みつく執念を持っていた。これはお祓《はら》いしてきちんと供養しないと、あの家が呪われてしまうのではないか」

しかし、介錯した人は「いや、その必要はない」と言いました。

「こいつは死ぬ間際まで『この家を祟ってやる』と思ったけれども、俺が『死に際にはあの岩に噛みついてみろ』と言ったから、死ぬ瞬間は『この家を祟ってやろう』という想いではなく、『あの岩に噛みついてやる』ということで頭をいっぱいにして死んでいった。だから、呪いは起きないはずだ」

介錯人の言う通り、その後、家には怪異は起きず、その家の人々は安泰に過ごしたようです。こうした頓智の利いた臨終もなかなか乙なものです。

パターン化していた、幕末の武士たちの辞世の句

よく臨終シーンと共に語られるのが辞世の句です。

辞世の句を残した歴史上の人物は多いですが、死ぬ直前に詠むのか、はたまたあらかじめ用意されているものなのか、気になる人も多いのではないでしょうか。死刑などを命じられた場合は、何日か前には辞世の句を用意しておくケースが多いのではないかと私は思っています。たとえば、秀吉から切腹を命じられた、茶人の千利休も辞世の句を残していますが、これはおそらく、切腹を命じられた時点である程度事前に用意していたはずです。

ただ、時には病気や事故で突然死んでしまう人もいます。そうした人の辞世の句は、ときに後世の人間によって創作されている場合も多いようです。

また、生きた時代も、辞世の句の有無は大きく影響しています。たとえば、人がたくさん亡くなった幕末には、辞世の句を残す人も多いのですが、これもおそらく「自分はいつ死ぬかわからない」と意識していたからこそ、辞世の句を事前に準備していた人が多いのではないかと考えられます。実際、幕末時の武士たちが残した辞世の句を見ると、何かしらのパターンがあります

たとえば、吉田松陰の辞世の句は「身はたとひ武蔵の野辺に朽ちぬとも　留め置かまし大和魂」というものです。これは、「私の身が武蔵の地で朽ちようとも　日本人の魂である大和魂だけは留めておこう」という意味ですが、この当時は、吉田松陰に限らず、「私はこれから死んでしまいます。それは、国のためであり、天皇のためである」というパターンの辞世の句が非常に多かったのです。

このようにある程度のフォーマットが決まっていれば、事前に準備をしていなくても、亡くなる直前にパッと辞世の句を作ることができたのかもしれません。

豊臣秀吉の辞世の句

辞世の句の中でも、少し不思議なものに思えるものが、豊臣秀吉の辞世の句です。

「露と落ち　露と消えにし我が身かな　浪速《なにわ》のことは　夢のまた夢」

これはおそらく本人が作ったものだと伝わっていますが、その内容は少し謎めいています。まず、「露と落ち　露と消えにし我が身かな」と言う部分は、「露として生まれ、露として消えていくような私の人生だったな」と言う意味でしょうが、気になるのが下の句である「浪速のことは 夢のまた夢」の部分。

この下の句をどう解釈すべきでしょうか。一般的には「浪速のこと＝豊臣家、つまり息子である秀頼《ひでより》」のことは「夢のまた夢」という意味だと解釈されています。でも、秀吉がこの句を詠んだとき、秀頼は大坂城にはおらず、京都・伏見《ふしみ》城にいます。大坂、すなわち浪速ではありません。では、秀吉がこの句の中で詠んだ「浪速」とは何を指しているのか。

私は、秀吉の辞世の句の中にある「浪速」が何を意味しているのかをどうしても確かめたかったため、先日京都・伏見に行ってきました。

豊臣秀吉が京都・伏見城で亡くなると、母である淀君《よどぎみ》と一緒に、秀頼は大坂城へと移ります。つまり、秀吉が亡くなった時点では、秀頼は京都にいたのです。だからこそ、もしも秀吉が秀頼の今後の運命について辞世の句を詠んだのであれば、下の句は「みやこのことは夢のまた夢」や「伏見のことは夢のまた夢」であってもおかしくはありません。

もしかしたら、下の句については後世の創作ではないかとも私は思います。ただ、その場合、誰が言い出して大坂という言葉が入れられたのか。そのあたりはよくわかりません。

そこで自然と考えつくのは、「秀吉が自分の死後に、秀頼を伏見城から大坂城へと移すようにと周囲に伝えていた」というものです。

大坂城は基本的には防御の城です。しかし、伏見城は、秀吉が贅《ぜい》を尽くして作った城であり、楽しい邸宅兼、お城のようなもので、どちらかというと隠居の城です。自分の死後、秀頼が危ない目に遭うかもしれないとわかっていた秀吉は、遊びの城の伏見城ではなく、守りの大坂城に秀頼を移すことが重要だと考えていた。

だからこそ、彼は辞世の句で、大坂にいる秀頼のことを想定して「浪速のことは夢のまた夢」と詠んだのかもしれません。

予算オーバーの責任を取って切腹していた薩摩藩士

本章のテーマは「臨終」ですが、当時は現代よりも「死」への恐怖感が軽かったのではないかと思われる部分はいくつかあります。その代表的な例が、薩摩藩士の切腹についてです。

そんな薩摩藩士たちの切腹のすさまじさについて語るため、江戸時代の中期である宝暦《ほうれき》年間に行われた治水工事についてご紹介しましょう。

中部地方は、木曽川、揖斐《いび》川、長良《ながら》川という大きな三つの川が流れ込む土地で、その中に輪中《わじゅう》という川に囲まれたエリアがありました。しかし、川が頻繁に氾濫するため、毎年この地域に大変な被害をもたらしていました。

川がどれだけ頻繁に氾濫していたかについては、愛知県の隣にある岐阜県の県庁所在地を取り上げてみるとよくわかります。現在、岐阜県の県庁所在地は岐阜市に定められていますが、もう一つの県庁候補地として挙がっていたのが大垣市《おおがき》です。

貧乏旅行をしたことがある方ならば、「大垣」という名前は案外馴染みのあるものではないでしょうか。東京から京都旅行をする途中、東京から大垣まで行く「ムーンライトながら」という夜行列車があったため、貧乏な学生たちはこぞってこの電車を利用していたものです。さて、電車の終点の地であることからもわかりますが、大垣は立地的にとても便利な場所にあり、今も昔も交通の要です。

しかし、なぜ大垣市が選ばれず、岐阜市が県庁所在地になったのかというと、その大きな理由は川の氾濫のせいです。大垣はとにかく長年に渡って大規模な水害に悩まされてきました。それほどまでに、長良川、揖斐川、木曽川という三つの川は、中部地方の人々を長年に渡って苦しめてきたのです。

江戸時代の一七五三年に、幕府はこの三つの川の治水工事を決定します。その事業を任せられたのが薩摩《さつま》藩でした。人足やお金が足りなかったのか、薩摩藩の藩士たちも自ら槌《つち》をふるい、土を運ぶなどして、懸命に働きました。しかも、工事費用は約九万両と見積もられましたが、途中で水害によって工事部分が破壊されたりと、様々なハプニングが起き、総工事費用は四十万両を越えてしまったそうです。薩摩藩としては、他藩の工事をするためにこんな膨大な費用がかかってしまい、内心「やっていられない」という気分だったでしょう。

ただ、薩摩藩士たちの頑張りの甲斐があって、何とか無事に川の改修工事は終了。現在でも、岐阜県の人は鹿児島の人々に深く感謝をしており、鹿児島は岐阜県と姉妹県の関係にあります。

この事業を何とかやり遂げたのが、薩摩藩の家老・平田靱負《ひらたゆきえ》です。しかし、無事に川の事業が終わった直後、平田靱負は切腹をしています。

「なぜ無事に事業が終わったのに切腹するの？」と不思議に思うところですが、先に挙げたように当初は九万両だったはずの工事費用が、ふたを開けてみればその四倍近い四十万両を越えてしまったのが大きな理由でしょう。ただ、仮に予算オーバーだったとしても、自らの腹を切るのはやりすぎでは……と思ってしまいますが。

平田靭負に限らず、薩摩藩士は誇り高く、命より名を重んじて切腹する傾向があります。事実、工事が行われた周辺を調査してみると、至るところに薩摩藩の藩士のお墓が見つかります。それは、この工事で何らかの不祥事があるたびに、薩摩藩士が腹を切って死んだからだと考えられています。

本来は戦が仕事である武士にとって、戦いに出るわけではなくて、職人のような仕事をやらされることは、「こんなこと、武士がやることではない！」と屈辱に感じていたことでしょう。それゆえ、川の改修工事の際にも幕府の無茶ぶりに抗議するために切腹した薩摩藩士も少なくなかったため、川の周辺には薩摩藩士のお墓がたくさんあり、中には名前すらわからないような武士もいます。彼らの魂を慰めるために、治水《ちすい》神社という神社まで建てられています。

薩摩藩士版のロシアンルーレット・肝練《きもね》りとは？

薩摩藩の武勇を示す逸話として有名なのが、「肝練り」です。

この肝練りは、かなり高度な肝試しのようなもの。藩士たちが複数人で輪になって座り、天井から縄で鉄砲をぶら下げて、火縄に点火してからぐるぐる回して手を離すのです。くるくると銃が回れば、どこに弾が飛ぶかはわかりません。下手すればその銃弾に当たって、誰かが死んでもおかしくはない。しかし、薩摩藩士たちは、度胸試しとしてこの弾から逃げることを良しとせず、誰かが亡くなってもそれは運が悪いだけだと考えていたようです。まるでロシアンルーレットのような余興を、度胸試しとしてチャレンジするのが薩摩藩士の特徴です。

幼いころからこうした環境で育っているので、薩摩藩では命の扱いが非常に軽い、いや軽いとして行動しなくてはならない。

変な話ですが、何か自分に不名誉なことがあれば、いちいち弁解するのは面倒くさいので、説明するよりもためらわずに死を選ぶような人がいたのです。

また、同じ武士であっても、激しい身分格差がありました。薩摩藩士の間でも何かトラブルが起きると、武士の面子《めんつ》を重んじてすぐに腹を切っていたようです。

中でも、激しかったのが郷士《ごうし》と呼ばれていた武士たちです。当時の武士には、城下町で暮らしている城下の上流中流の武士（城下士《じょうかし》）と、郷士（かつては外城士《とじょうし》）と呼ばれる下級の武士がいました。郷士たちは、普段は農業などにいそしむことが多く、城下士たちとの間には、大きな身分の差がありました。なお、西郷隆盛や大久保利通はみんな下級武士とはいえ、城下士の出身です。彼らに比べると、郷士たちは本当に些細なこと（もちろんそう感じるのは現代の私たちであり、彼らにとってはものすごく重大なことだったのでしょう）で自ら命を捨てていたと言われています。

薩摩藩士のエピソードに見る「人命の重さ」とは

薩摩藩士たちの豪快過ぎるエピソードを聞くたびに、私は「人命とは何か」を考えます。逆説的な話ではありますが、人は生きていてこそ意味がある。価値観がひとつしかない世界では、その価値観の中で評価される才能を持たなければ、どれだけほかの才能に満ち溢れていても、無視され、捨て置かれます。たとえば、体力一本槍の薩摩藩士たちにとって、人として大切な素養は体力でしょう。私のようにまったく鍛えていない人間が、もし当時の薩摩で生まれ育ったなら、子どものころに死んでいたはずです。もし、運良く成人しても、体力がないことを叱咤され、すぐに切腹を命じられていたでしょう。

仮にその人が教養にあふれていても、非常に頭がよくても、まずは体力がなければ認められないのです。

一八六二年に大名行列を横切ったイギリス人を薩摩藩士が切り捨てる生麦《なまむぎ》事件のような出来事が起こったのも、彼らが命を軽んじていたからこそです。そうでなければ、大名行列の前を少し横切っただけで、「この無礼者」と言って相手を斬り殺すような発想は生まれないはずです。

幕末の日本の歩みを見ても、命を軽んじる様々な行為に驚くことは多々あります。

たとえば、一八六二年に京都の寺田屋《てらだや》で、薩摩藩の事実上の最高指導者である島津久光《しまづひさみつ》の命令を受けて、尊王攘夷派の薩摩藩士たちが殺された「寺田屋事件」を取り上げても、同じ藩の人間であっても思想が違うからといって、切り捨てる。それほどに重事《ちょうじ》を行うにあたり命を投げ出す思考には驚くばかりです。

同じような事例としては、土佐藩の山内容堂《やまうちようどう》も同様です。彼は坂本龍馬などを輩出した土佐藩のボスでしたが、藩内の対立で吉田東洋《よしだとうよう》が暗殺されると、その暗殺を実行した土佐勤王党のリーダーである武市半平太《たけちはんぺいた》に躊躇なく切腹を命じます。武市も藩主に「死ね」と言われれば、一発でそれに従ってしまう。

教育者として名高い吉田松陰《よしだしょういん》先生も、門下生に生命を惜しむな、とたびたび叱咤しています。自らも老中暗殺を計画し、それを幕府法廷であっさり自白し斬首となりました。

私は決して、人の命は軽いものだとは思いません。ただ、過去の日本では、自分の価値観のために命を奉《ほう》じる人がいて、そうした人々によって歴史が積み上げられているのも事実なのです。

当時と現代における、「死」への価値観の違い

薩摩藩士のように、名誉のためには「命」を惜しまぬ人もいる一方で、なかには「自分はいつか死んでしまうのだ」という考えにずっと囚われてしまう人もいます。私自身も、小さなときから死の恐怖に苛《さいな》まれ続けてきました。そして、若いころに中島敦《なかじまあつし》の『狼疾記《ろうしつき》』という小説を読み、深く感銘を受けたことがあります。この作品のなかで、中島敦が語るのは「死に対する恐怖」です。主人公は、氷河期に遭遇した地球の未来を想像して恐怖を感じつつも、仮に大地が凍ってしまったとしたら、その大地に穴を掘り、穴の中で愛犬と抱き合って死にたいと考えた。あたたかな小さな生命が、自分の死の恐怖を和らげてくれるであろうという考えに、私は強く共感したのです。

本当に極楽という場所はあるのでしょうか。死んだら極楽に行けると思って生活していても、実際に死んでしまったらわかりません。人間は何かに囚われて生きています。どうせなら囚われずに生きていきたいと思うからこそ、人は極楽というものをつくり出したのだと私は思います。

あの世を信じて生きられた時代の人々は、幸せだったでしょう。

また、薩摩藩士たちのように、自分たちの武士としてのプライドを命よりも重んじた人々も、ある意味幸せだったかもしれません。なぜなら、自分の信じるものに命を捧げることができたのですから。

現代では、多くの人が「死ねばすべてがなくなってしまう」とわかっています。だから、生きている間を精一杯、一生懸命生きようとします。

ほんの百年前までは、人間の寿命は五十年だと言われていました。日本人の平均寿命が五十歳を超えたのは、太平洋戦争の後です。現代では「寿命百年時代」と言われ、日本人の平均寿命は驚くほど延びた。ただ、寿命が延びたからこそ、こうした死の恐怖と長く付き合わなければならないとも言えます。

厚生労働省『令和三年人口動態』によると、二〇二一年の自殺者は二万二九一人にのぼります。現代では、自殺によって人が命を落とすことも決して珍しくはありません。しかし、歴史を振り返ると、日本人がここまで自殺することはなかった。その理由は、単純に自殺をする余裕がなかったからこそです。

昔の日本人は、とにかく貧しく、金銭的に追い詰められていました。だから、「苦しい」と思う間や「自殺をしよう」という想いが浮かぶ間もなく、生活に追い立てられていたはずです。いかに日本の農民が貧乏であっても、それを苦に自殺したという話はあまり聞きません。

命が重んじられている現代だからこそ、生きている間に何らかの自分なりの生きがいや生きる意味を探さなければならない。ただ、それが逆に人々を苦しめているのかもしれません。

見習いたいほど粋な臨終を迎えた戯作者・十返舎一九《じっぺんしゃいっく》

最後に、私が「これは見事だ」と憧れてやまない臨終をご紹介しましょう。

その臨終とは、江戸後期に活躍し、『東海道中膝栗毛《とうかいどうちゅうひざくりげ》』などの作品を残した戯作者・浮世絵師の十返舎一九《じっぺんしゃいっく》（一七六五―一八三一年）の臨終です。彼は、当時としては自分が死んだ場合は、当時ではまだ珍しい火葬にしてほしいと言い残して死んでいきました。残された人々がいざ棺桶に火をつけたなら、ドカーンと大きな音がして、棺桶から花火が打ち上がったのです。どうやら彼は火をつけたら引火するように、棺桶の中にしこたま花火を仕込んでおいたのだとか。

江戸の町に華やかな花火が打ち上がる様子をみて、町人たちは「さすが十返舎一九だ。頓知が効いてやがるぜ」と言ったとか。彼は洒落本や人情本など様々な作品を残したユーモアあふれる作風で知られる人物なだけに、なんとも粋な話です。（もっとも火薬なんて仕掛けたら、遺体が粉々になってそこら中に飛び散って大変なのではないか……とも心配になってしまいますが）。

何より私が感心したのは、十返舎一九が自分の死をひとつのエンターテイメントとしてとらえ、人々を喜ばそうとしたことです。もし、彼のように自分の死をひとつの大きなエンターテインメントだと考えることができれば、自分が臨終を迎える際も、楽しく潔く死ぬことができるのではないでしょうか。

私も十返舎一九を見習って、自分のお葬式には、遺体のお腹に顔を書いてもらい、お別れに参列した人々が棺の中身を覗き込んだときに、思わず笑ってくれるような葬儀を、夢見ています。あとは、自分が長年集めてきた万年筆のコレクションを、葬儀に来てくださった方に一本ずつプレゼントしたいとも画策しています。

それを見て、誰かが「本郷の葬式は粋だったな」とでも言ってくれれば、まさに冥利に尽きると言えるでしょう。

本郷和人（ほんごう かずと）

1960年、東京都生まれ。

東京大学史料編纂所教授。

専門は、日本中世政治史、古文書学。『大日本史料　第五編』の編纂を担当。

著書に『空白の日本史』『歴史のＩＦ（もしも）』『日本史の論点』（扶桑社新書）、『東大教授が教える シン・日本史』（扶桑社）、『日本史のツボ』『承久の乱』（文春新書）、『軍事の日本史』（朝日新書）、『乱と変の日本史』（祥伝社新書）、『考える日本史』（河出新書）。『歴史学者という病』（講談社現代新書）など多数。

デザイン：小栗山雄司
写真：近藤　篤

扶桑社新書 452

最期の日本史

発行日 2023年1月1日　初版第1刷発行

著　　者………本郷 和人
発 行 者………小池 英彦
発 行 所………株式会社 扶桑社
〒105-8070
東京都港区芝浦1-1-1 浜松町ビルディング
電話 03-6368-8870（編集）
03-6368-8891（郵便室）
www.fusosha.co.jp

ＤＴＰ制作………株式会社 Office SASAI
印刷・製本………株式会社 広済堂ネクスト

Printed in Japan　ISBN 978-4-594-09273-3